# L'ENDETTEMENT INTERNATIONAL : MYTHE OU RÉALITÉ EN AFRIQUE ?

## Collection « Études africaines »

*dirigée par Denis Pryen et son équipe*

Forte de plus de mille titres publiés à ce jour, la collection « Études africaines » fait peau neuve. Elle présentera toujours les essais généraux qui ont fait son succès, mais se déclinera désormais également par séries thématiques : droit, économie, politique, sociologie, etc.

**Dernières parutions,**

Sous la direction de Moustapha Soumahoro, *Aménagement, décentralisation et développement local en Afrique subsaharienne*, 2020

Maixant MEBIAME ZOMO & Ludovic MBA NDZENG (dir.), *Le travail anthropologique de Paulin Nguema-Obam, Dettes et critiques*, 2020.

Christian SCHOENAERS, *Trois hommes des Lumières à l'île de Goreé,* 2020.

André LISONGOMI BATIBONDA, *Afromarché électoral. Heuristique des ambivalences des pratiques électorales en République Démocratique du Congo,* 2020

Samba DIOP, *La diaspora africaine en Norvège. Immigration et intégration en Europe*, 2020

Abel Renaud EBA, *L'Afrique, l'ultime réserve pétrolière du monde face à la transition énergétique. Un zoom sur les matières premières minérales énergétiques et le développement de l'Afrique*, 2020.

Fabrice MODOMPTE DEG-TIGUEY, *Le contentieux des contrats miniers et pétroliers en République centrafricaine,* 2020.

Barthélemy MAHOUKOU et Nadège OKEMY ANDISSA, *Formation qualifiante et évaluation de stage au Congo Brazzaville. Constats et perspectives*, 2020.

Gaston MBEMBA-N'DOUMBA, *Femmes et petits commerces du fleuve Congo entre Brazzaville et Kinshasa*, 2020.

Ernestine Antoinette NGO MELHA, *Inclusion scolaire des élèves en situation de handicap en France et au Cameroun*, 2020.

Sandavoy Adamoh Djelhi Yahot

# L'ENDETTEMENT INTERNATIONAL : MYTHE OU RÉALITÉ EN AFRIQUE ?

L'Harmattan

***


**5-7, rue de l'École-Polytechnique – 75005 Paris**
www.editions-harmattan.fr
ISBN : 978-2-343-20523-6
EAN : 9782343205236

À tous ceux qui croient en la vertu de la Science Economique pour sortir les peuples miséreux d'Afrique de leur sort de sous-développés.

À tous les leaders et intellectuels africains qui croient en l'avenir lumineux de l'Afrique par la recherche et développement

À mes anciens camarades :

- de l'école primaire publique de Kouassikro (commune de M'Bahiakro, Côte d'Ivoire) ;

- du collège (devenu lycée depuis) de M'Bahiakro du milieu à la fin des années 1960 ;

- du lycée classique de Bouaké (Côte d'Ivoire) du début des années 1970.

En mémoire de mes maîtres de l'école primaire publique de kouassikro : Kouakou Yao Denis, Ottété Salé Théodore et Niango Anga Flavien

À mes professeurs au collège Nzi Yao Célestin et Jean-Noël Kéruzoré

À Granderson, mon professeur de français au lycée classique de Bouaké

En mémoire de mon professeur à l'université Félix Houphouët-Boigny d'Abidjan, Joseph Tchundjang Pouémi, trop tôt disparu.

Il n'y a pas d'acte déraisonnable sans raison

S.A. Djelhi Yahot

La politique, c'est le jeu des intérêts partisans basé sur des compromis

S.A. Djelhi Yahot

Dans la vie, il n'y a pas de paradoxe, il n'y a que des malentendus

Joseph Tchundjang Pouémi

## GLOSSAIRE

| | |
|---|---|
| BCEAO | Banque Centrale des États de l'Afrique de l'Ouest |
| BIRD | Banque Internationale pour la Reconstruction et le Développement( Banque Mondiale) |
| FMI | Fonds Monétaire International |
| CEMAC | Communauté économique et monétaire de l'Afrique Centrale |
| CNUCED | Conférence de Nations unies sur le Commerce et le Développement |
| COVID | Corona Virus Disease |
| FED | la Banque Centrale Américaine |
| PIB | Produit Intérieur Brut |
| OCDE | Organisation de Coopération et de Développement économique |
| PAL | Plan d'Action de Lagos |
| UEMOA | Union Economique et Monétaire Ouest Africaine |

## REMERCIEMENTS

Au moment où parait ce livre, je voudrais exprimer ma profonde gratitude au Président du Sénat ivoirien, Jeannot Ahoussou-Kouadio qui, après la publication, en 2017, de mon premier livre d'économie traitant de la gouvernance en Afrique, m'a encouragé à poursuivre mes recherches, précisément, sur les problèmes monétaires et de développement en Afrique. J'ose espérer que mes trois livres suivants, dont celui-ci, publiés 2019 et 2020, qui traitent justement de ces sujets, ont plus ou moins apporté de réponses aux questionnements sur les problèmes économiques et monétaires de l'Afrique.

Je veux dire, ici, merci à Bernard Ehouman, Christophe Koffi Kouakou et Bernard Gbo Yao, pour leurs conseils avisés qui m'ont été d'une grande utilité dans l'élaboration de mes différents livres. Mes remerciements vont également à Adrienne Aké Kouao et Lucine Attaré qui ont mis un point d'honneur à faire le traitement de texte et la mise en page de ces livres, y insérant délicatement les graphiques et les tableaux.

# SOMMAIRE

# INTRODUCTION

Un ancien haut fonctionnaire ivoirien m'a rapporté la réaction du Président Houphouët-Boigny, dans les années fin 1970- début 1980, aux hésitations du ministre de l'Économie et des Finances de l'époque, qui s'inquiétait du taux d'endettement élevé de la Côte d'Ivoire : « Depuis quand un pays a -t-il été poursuivi en justice par ses créanciers et emprisonné pour créances excessives ? Allez me chercher des fonds pour aider au développement de la Côte d'Ivoire ».

Le président Houphouët avait-il raison ou tort ? Le technocrate de l'Administration (à qui on a inculqué la notion de ratio d'endettement maximal, dette / PIB de 70%), l'étudiant de licence ou de maîtrise en économie ou l'économiste (qui n'a pas renouvelé ses connaissances scientifiques depuis les années 1980-1990) lui donneraient tort. Faux ! Le Président Houphouët (sans être économiste, mais esprit suffisamment élevé, qui avait pour lui le bon sens aigu) avait raison à cent pour cent : la théorie économique le démontre, et l'histoire des faits économiques, particulièrement l'endettement international des années 1940 – 1960 et les différents mécanismes, propositions et théories pour résoudre les problèmes de surendettement des pays en développement des années 1980-1990, lui ont totalement donné raison (nous le verrons).

En Afrique de l'Ouest, tel opposant politique accuse le pouvoir de sur- endetter son pays et d'hypothéquer durablement l'avenir des jeunes et des futures générations. L'Officiel répond que le taux d'endettement du pays est en dessous du taux d'endettement communautaire maximal de 70% et ne pose donc aucun problème. Les deux hommes politiques ont tort, du moins, partiellement. Si le taux d'endettement supérieur à 70 % obstruait inévitablement l'avenir, les jeunes américains, français et japonais, avec respectivement, des taux d'endettement variant entre 94,2% et 106,2%, 81,6% et 96%, 215,8% et 246,6% (cf. tableau n°6) de leurs pays respectifs, et ceux de bien d'autres pays encore ayant des taux nettement au-dessus de 70%(cf.. , tableau n°7), n'auraient plus d'avenir. Mais, tel n'est pas le cas ; et aucun de ces pays n'a déclaré défaut de paiement depuis 2010. ; Or, Sims (2001) a montré que, sur la période 1970-2001, des défauts de paiement ont eu lieu dans des régions du monde où le taux d'endettement ne dépasse pas 60%/ ; selon l'étude de Reinhart, Rogoff et Savastano (2003), de nombreux pays, à taux d'endettement inférieur à 70%, ont déclaré défaut de paiement entre 1979 et 2002.É

En conséquence, la notion de taux d'endettement – plafond de 70% est ambiguë, voire nocive ou même dangereuse pour l'économie d'un pays ; aussi, démontrerons-nous pourquoi les deux hommes politiques ont tort dans leur prise de position respective.

D'ici là, relevons que, dans les sociétés modernes, point n'est besoin d'avoir de l'argent pour faire des dépenses d'investissement ; on y trouve des institutions financières dont le rôle et la raison d'être, c'est de prêter de l'argent à ceux qui n'en ont pas, y compris l'État, pour exercer des activités économiques. Tant que l'emprunteur est capable de rembourser, il peut s'endetter. Cela est d'autant plus vrai qu'en science économique, c'est la rentabilité future seule qui conditionne la décision de prêter ou d'investir : les experts-comptables établissent, pour tout projet d'investissement, un Business Plan (ou Compte d'Exploitation Prévisionnel) qui présente la nature de l'affaire, la stratégie des ventes et de marketing et la rentabilité future et la période de rentabilité, en prenant en compte les coûts et bénéfices.

Dans cette logique, ce n'est donc pas le passé créancier du pays, mais la rentabilité de ces allocations, programmes et projets de développement qui devront lui permettre de s'endetter. D'ailleurs, pour Keynes et les keynésiens, le déficit budgétaire est bénéfique et recommandable pour l'économie nationale.

Mais, en Afrique de la trappe économique, on s'est approprié le concept ambigu d'endettement – plafond de 70% du PIB – sans fondement scientifique - pour bloquer la progression des pays, en limitant intentionnellement, leur accès aux sources de financement internationales, pour les retarder autant que possible sur le chemin du développement. Et des économistes - perroquets de l'Afrique répètent, après leurs maîtres de l'Occident, pour mieux le rabâcher aux leaders africains, que « l'endettement est nocif au développement économique » et qu'il faut s'en « tenir à ce taux - plafond de 70% par rapport au PIB ». Les experts du FMI et de la Banque Mondiale et des institutions communautaires africaines en sont les grands chantres, et les technocrates locaux, aux connaissances économiques embryonnaires (à peine celles d'un étudiant de deuxième année d'économie), les parfaits et dociles exécutants pour l'application de ce critère dans leurs pays respectifs, en Afrique. Ils omettent ou ignorent tous que c'est le Plan Marshall qui a permis de reconstruire et développer l'Europe dévastée par la Seconde Guerre mondiale, et que c'est le financement massif des économies américaine et européenne par la FED, la banque centrale américaine (grâce au système de swaps avec les banques centrales européennes, de quantitative Easing et d'open - market) qui a permis, à la fois, d'éviter la faillite de l'économie américaine et celle de l'économie mondiale, lors de la crise des subprimes ( prêts immobiliers à emprunteurs à haut risque aux USA) en 2007 – 2008.

L'objet de ce livre est de tenter de démontrer, d'une part, que la crise de la dette qui semblait avoir secoué l'économie mondiale dans les années 1980-1990, n'était, en réalité, rien d'autre que le résultat du refus de rémunérer correctement les facteurs de production et les différents producteurs du Tiers-monde( la Périphérie selon Arghiri Emmanuel, Samir Amin et bien d'autres économistes adeptes du concept de développement autocentré ) et la non - allocation optimale du capital emprunté, et d'autre part, que le taux d'endettement traditionnel, quel que soit son niveau, n'est nullement une véritable menace pour la sécurité financière d'un pays parce qu'il est erroné.

En conséquence, l'Afrique peut s'endetter autant qu'elle le voudra, parce qu'elle aura toujours les moyens de rembourser ses créances ; l'endettement ne provoquera pas sa faillite financière ; elle doit simplement respecter un principe fondamental : le rendement optimal du capital emprunté, autrement dit, la supériorité de la rentabilité du capital emprunté et investi, par rapport à celle du service de la dette. Pour ce faire, il comprend quatre chapitres : le premier chapitre explique le phénomène de l'endettement international et ses origines ; le second chapitre expose les solutions traditionnelles qui ont été apportées jusqu'ici au problème de l'endettement international et constate les résultats plus ou moins mitigés ; le troisième chapitre présente une nouvelle approche à partir du concept de rendement optimal de la dette. Enfin, le quatrième et dernier chapitre démontre, d'une part, que les pays en voie de développement supposés très endettés, n'étaient pas surendettés, et d'autre part, que l'endettement international, comme source alternative et/ ou complémentaire, étant un facteur qui contribue à la création du PIB, l'Afrique peut et doit s'endetter pour financer, en partie, son développement, pourvu qu'elle rentabilise les capitaux empruntés.

# CHAPITRE PREMIER

# L'ENDETTEMENT INTERNATIONAL

Dans ce premier chapitre, nous tenterons d'expliquer l'origine de l'endettement international ; puis, nous exposerons les problèmes auxquels ont fait face les supposés pays surendettés au cours des années 1980-1990. Auparavant, nous aurons défini l'endettement et les différents mécanismes de règlement de la dette.

## I. QU'EST-CE QUE l'ENDETTEMENT INTERNATIONAL ?

Selon le dictionnaire, « la dette est l'obligation pour une personne à l'égard d'une autre, de faire ou de ne pas faire quelque chose, et singulièrement, de payer une somme d'argent ». De par cette définition, la dette met en relation, deux parties (personnes physiques ou morales) : un créancier et un débiteur ; elle comporte également un double aspect, le dû et le règlement du dû pour honorer l'engagement pris.

On pourrait donc définir l'endettement d'un pays comme l'engagement de ce pays vis – à- vis de ses créanciers privés et /ou publics. Selon les institutions de Bretton Woods

(FMI, BIRB) et l'OCDE, « l'engagement brut extérieur est égal au montant, à une date donnée, des engagements contractuels en cours ou ayant donné lieu à un versement des résidents d'un pays vis-à-vis des non-résidents, comportant obligation de remboursement du principal, avec ou sans paiement d'intérêt, ou de paiement d'intérêt avec ou sans remboursement du principal ».

L'endettement implique donc, pour le débiteur, l'obligation d'honorer ses engagements ; s'il le fait, c'est l'extinction ou l'acquittement de la créance, c'est – à - dire, la solution normale. Mais, il se peut très bien que, pour une raison quelconque – fondée ou non - le débiteur ne soit pas en mesure de faire face, partiellement ou totalement, à ses obligations de remboursement. Plusieurs cas de figure peuvent se présenter entre pays débiteurs et pays créanciers : répudiation, défaut de paiement, moratoire, prorogation, refinancement, rééchelonnement, rachat, réduction, effacement etc.

## II. LES MODES D'EXTINCTION DE L'ENDETTEMENT

### 2.1. L'acquittement

La dette, par principe, a une durée limitée dans le temps. Elle est éteinte quand le débiteur s'acquitte de tous ses engagements vis-à-vis du créancier ; les experts parlent de « servir les intérêts et le principal ».

### 2.2. La répudiation

Il y a répudiation lorsque le débiteur déclare, de façon unilatérale, ne plus être lié par les obligations qu'il a contractées auparavant. Toutefois, la répudiation est assez rare chez les pays débiteurs du fait des effets de « moral hazard » et/ou « adverse selection ». Dans l'histoire des relations économiques internationales, on peut, cependant, citer deux cas : au Ghana, après des changements de régime, par coup d'État, le pays avait refusé de reconnaitre certains engagements financiers pris par les anciens dirigeants ; la Chine communiste de Mao en fit de même.

### 2.3. Le défaut

Quand un pays (débiteur) faillit à ses obligations, on dit qu'il est en situation de défaut de paiement : On distingue deux cas : le défaut de facto et le défaut de jure.

Dans la situation de défaut de facto, le créancier peut l'accepter, et même le tolérer, dans la mesure où les deux parties en présence, peuvent, par la suite, négocier un nouvel accord.

En cas de défaut de jure, l'on se trouve face à un verdict rendu par un tribunal, ce qui constate donc la rupture totale entre parties. Il appartient alors au créancier d'engager des procédures de recouvrement de ses créances ; Mais, pour des considérations politiques et diplomatiques, le défaut de jure ne donne jamais lieu à des poursuites judiciaires pour recouvrement de créances contre les pays débiteurs ; la pratique donne donc raison au Président Houphouët ; nous le démontrerons scientifiquement plus loin dans le livre.

### 2.4. Le moratoire

Le moratoire permet « de suspendre le service de la dette pendant une période déterminée » ; il est donc une mesure transitoire qui peut être prise, soit de façon unilatérale par le débiteur, soit de façon collégiale, après accord donc des parties en présence, à la suite de négociations.

L'acquittement, la répudiation, le moratoire et le défaut de paiement sont des actes unilatéraux initiés par le débiteur même si, dans les trois derniers cas, il peut y avoir négociation bilatérale, après l'acte posé par le débiteur.

### 2.5. Les négociations

Le pays débiteur, en difficulté, peut avoir recours aux négociations pour résoudre ses problèmes de dette. Il existe trois cas possibles en matière de dette : la prorogation, le refinancement et le rééchelonnement.

La prorogation permet de proroger la période de règlement quand l'amortissement du principal est ralenti pendant que les conditions du contrat demeurent identiques, en ce qui concerne les intérêts à payer.

Le refinancement intervient lorsque le débiteur, à la suite de difficultés quelconques, a recours à un nouvel engagement pour pouvoir honorer les obligations antérieurement contractées. Dans ce cas de figure, les termes du contrat antérieur sont repris de façon systématique.

Le rééchelonnement (ou restructuration) concerne les échéances, les intérêts, la monnaie de paiement ; il s'agit de négociations, parfois très complexes, auxquelles les pays du Tiers monde ont eu intensément recours, dans les années 1980-1990.

## III. LE SURENDETTEMENT

Tant que le pays débiteur peut faire face, correctement à ses créances, il peut toujours s'endetter, puisque ni sa crédibilité ni sa capacité de remboursement ne sont entamées. Son niveau de risque – pays est nul ou bas auprès des bailleurs de fonds. Dans ce cas, l'endettement demeure une source de financement du développement économique.

Quand la capacité de remboursement d'un pays faiblit par rapport à son niveau convenable, il se retrouve dans une situation qui tend à inspirer de moins en moins de confiance, et l'endettement continu devient excessif et constitue un fardeau qui joue contre son développement : c'est le surendettement.

Les pays du Tiers-monde semblent s'être retrouvés en situation de surendettement dans les années 1980, par référence aux critères et instruments d'appréciation traditionnels. Or, ces instruments sont fragiles, voire erronés (comme nous le verrons plus loin). Mais, à ce stade de notre analyse, suivons le tableau n° 1 relatif au taux d'endettement des pays en développement très endettés, établi sur la base de ces critères et instruments traditionnels. Par rapport au ratio dette / PIB, certains parmi ces différents pays figurant sur le tableau n°1, .ci-après, semblaient surendettés. Il s'agit de Costa Rica, du Chili et du Pérou.

Tableau n° 1 : taux d'endettement de pays endettés en 1985

| Pays | Costa Rica | Chili | Pérou | Argentine | Uruguay | Venezuela |
|---|---|---|---|---|---|---|
| Dette / PIB | 120 | 103 | 76 | 66 | 63 | 44 |

Source : Finance et développement de mars 1985

## IV. LA CRISE DE L'ENDETTEMENT

Les pays du Tiers-monde ayant bénéficié de financements énormes au cours des années 1970, vont, très rapidement éprouver, au début de la décennie suivante (les années 1980), des difficultés à faire face à leurs engagements vis-à-vis de leurs créanciers pour deux raisons :

- ils généraient de moins en moins de ressources propres internes ;

- ils allouaient les fonds empruntés principalement à des dépenses non rentables.

Ainsi, débiteurs et créanciers redoutaient la crise d'endettement prévisible ; malheureusement, elle était devenue presque inévitable, malgré la prise de conscience dont les uns et autres faisaient preuve ; évidemment, nul n'avait intérêt à voir une crise d'endettement éclater, car, l'enjeu était considérable autant pour les créanciers que pour les débiteurs et la communauté financière internationale entière.

Malgré cette prise de conscience générale, la crise de l'endettement va éclater en été 1982, lorsque le Mexique s'est déclaré dans l'impossibilité d'honorer ses engagements financiers. Mais, comment en est-on arrivé là, à cette solution extrême ?

## V. LE CAS SPÉCIFIQUE DE L'AFRIQUE

Comme tous les pays du Tiers-Monde, les pays africains étaient endettés au début des années 1980. En absence d'épargne intérieure et d'investissements domestiques, les pays africains ne pouvaient qu'emprunter pour financer, en partie, leur développement. Ce qui a posé problème, ce sont, d'une part, le rythme d'accumulation et le montant de l'emprunt, et d'autre part, la capacité de remboursement par référence aux instruments d'appréciation traditionnels de la dette d'un pays.

En effet, en 1985, le montant la dette extérieure de l'Afrique s'élevait à 160 milliards de dollars américains, soit 1/6 de la dette globale des pays en développement, et environ la moitié de celle des pays de l'Amérique latine qui était de 270 milliards de dollars américains. La dette africaine est passée à 1.330 milliards en 2018, soit 60% du PIB total de l'Afrique, contre 35% en 2010.

Mais, les situations sont différentes selon les régions du continent. En Afrique de l'Ouest, le ratio dette/ PIB est de 38%, maintenu à ce niveau essentiellement par le poids de l'économie du Nigéria dont le taux d'endettement est de 28%, contre 56% pour le reste de l'Afrique occidentale.

L'Afrique australe, non compris l'Afrique du Sud, a un taux d'endettement de 69%, au voisinage du taux optimal traditionnel de 70%.

L'Afrique du Nord, pour la même année 2018, a réalisé un taux d'endettement plus élevé, se situant à 74%, au-dessus donc du niveau maximal accepté.

L'endettement de l'Afrique a connu une transformation assez notable, avec une forte poussée de flux en provenance des pays émergents (Chine) et une augmentation de la part des capitaux privés.

Ainsi, il y a eu substitution progressive du financement habituel des partenaires traditionnels de l'OCDE, regroupés principalement dans le Club de Paris, par les financements bilatéraux en provenance des pays émergents, principalement, la Chine. Par exemple, l'encours de la dette africaine vis-à-vis de l'OCDE, est passé de 67 milliards de dollars américains en 2010, à 44 milliards de dollars américains en 2018.

Les capitaux privés ont aussi progressé dans l'endettement de l'Afrique. En effet, la baisse relative de rendement dans les économies de la plupart des pays occidentaux et l'accroissement de la liquidité internationale ont poussé les investisseurs vers certains pays africains qui n'avaient pas véritablement accès au marché des capitaux privés ; il s'agit de l'Angola, de la Côte d'Ivoire, de l'Éthiopie, du Gabon, du Ghana, du Kenya, du Mozambique, du Nigeria, de la République Démocratique du Congo, du Sénégal et de la Zambie.

Évidemment, les taux d'intérêt débiteurs de 5% à 7%, nettement plus élevés que les taux concessionnels accordés par les créanciers bilatéraux et multilatéraux traditionnels de l'Afrique, servis sur ces emprunts privés, contribuent à accroitre l'encours de la dette des pays africains. Et puis, il y a l'échéance de court et moyen termes de 5 ans à 12 ans, qui pose problème, même si des échéances de remboursement de 30 ans sont parfois accordées pour les capitaux privés.

Mais, les difficultés de remboursement de la dette des pays africains, entre autres, proviennent, principalement, de l'allocation des fonds empruntés dans des investissements non productifs, par exemple, des projets de prestige ou des subventions d'activités non- rentables.

Les difficultés de remboursement proviennent aussi de la diminution des ressources internes due à la détérioration presque permanente des termes de l'échange en ce qui concerne les produits agricoles d'exportation dont les pays africains sont les plus grands producteurs du monde.

Mais, comme nous le verrons plus loin, l'endettement international, s'il est optimalisé, n'est pas un problème pour un pays quels que soient son niveau et le niveau de développement du pays en question. Il est plutôt une source de financement indispensable au développement économique d'un pays, particulièrement, des pays africains qui en ont grand besoin.

# VI. L'ORIGINE DE L'ENDETTEMENT INTERNATIONAL DU TIERS-MONDE

Au début des années 1980, la plupart des pays du Tiers-monde se sont retrouvés dans l'impossibilité d'honorer, partiellement ou totalement, leurs obligations envers leurs créanciers : c'est le commencement de la crise de la dette, dès 1982, « provoqués par l'endettement excessif, des pays en voie de développement », disait-on ; Un certain nombre de facteurs semblent avoir contribué au surendettement ( ?) – si surendettement il y a eu – des pays du Tiers-monde, singulièrement, les pays africains : Il s'agit, d'une part, de facteurs tendanciels ou conjoncturels, et d'autres part, de variables explicatives (exogènes) qui impactent négativement les économies de ces pays de sorte qu'ils ne peuvent faire face à leurs obligations contractuelles.

## 6.1. Les causes tendancielles ou conjoncturelles

On peut identifier deux types de causes qui ont, entre autres, poussé les pays en voie de développement à l'endettement excessif ayant provoqué ce que l'on a appelé la crise de l'endettement qui a éclaté en 1982 ; ces causes sont, soit tendancielles, soit conjoncturelles.

### *6.1.1. Les causes tendancielles*

Il s'agit de causes tendancielles à long terme telles que :

- l'abondance des eurodollars sur le marché financier provoquée par le Plan Marshall. En effet, avec une telle abondance, les banques commerciales ont cherché à investir leurs surliquidités dans les pays en développement, nouvellement indépendants qui avaient des besoins énormes de financement ;

-l'inflation mondiale qui gonflait considérablement le service de la dette, réglé, de surcroit, en devise internationale forte (le dollar) ;

- l'incitation à emprunter entreprise par les pays du Centre auprès des pays de la Périphérie. En effet, à la suite de la crise du pétrole, les pays du Centre ont cherché à relancer la demande d'importation des pays en développement, en leur accordant d'importants crédits à l'exportation, sous forme « d'aide liée » : cela veut dire « qu'en échange d'un prêt, le pays bénéficiaire de la Périphérie était tenu d'utiliser exclusivement les fonds perçus pour l'acquisition de ressources (biens) en provenance du pays donateur ». Ce type de dette est passée de 26 milliards de dollars américains en 1970, à 103 milliards de dollars en 1980, selon les chiffres de la Banque Mondiale.

- le refus des pays développés d'aider convenablement les pays en voie de développement : l'insuffisance de l'aide publique au développement a amené les pays en développement, surtout les pays africains, à rechercher d'autres sources de financements extérieurs ; en effet, aucun pays de l'OCDE n'a encore pu réaliser, en 1985 (trois ans après le déclenchement de la crise de l'endettement), l'objectif international de l'affectation de 0,7 % de son PIB à l'aide publique au développement, lequel objectif restant à atteindre, de nos jours par la plupart de ces pays.

- le gonflement considérable et continu du service de la dette, après la forte hausse du prix du pétrole, à partir de 1973 ;

- les financements par le FMI et la Banque Mondiale. Certains économistes pensent que le système monétaire international né à Bretton Wood, a, dans son évolution, contribué à l'endettement international (qui deviendra excessif) en créant les conditions propices à une plus grande mobilité des capitaux, et en contribuant à faire circuler d'importants flux financiers vers les pays du Tiers-monde, dans les années 1970.

- l'endettement auprès des banques privées ; face aux besoins pressants de développement et à l'insuffisance de l'aide publique au développement, à l'insuffisance de l'épargne intérieure et au secteur financier national peu développé, les pays en développement ont souvent opté pour l'endettement auprès des banques privées, pour réduire l'emprise des investissements directs étrangers sur leurs économies. Ainsi, ils espéraient garder un minimum de contrôle sur leurs économies respectives.

### *6.1.2. Les causes conjoncturelles*

Des facteurs ont, de façon conjoncturelle, souventes fois, accéléré l'endettement international des pays en développement, surtout non-producteurs de pétrole. Il s'agit de la hausse brutale du prix du pétrole, de la détérioration des termes de l'échange (qui perdureront d'ailleurs au point de devenir des causes tendancielles) et de l'abondance de capitaux sur le marché international.

#### 6.1.2.1. Le transfert de la dette coloniale

À l'indépendance dans les années 1960, les prêts contractés par les pays colonisateurs du Centre (Belgique, Royaume uni, France etc.) auprès de la Banque Mondiale, pour financer des infrastructures économiques et l'industrie d'extractions minières dans les colonies, avaient été transférés aux États des pays en développement, particulièrement les pays africains. Cette dette coloniale a constitué la base de départ de l'endettement progressif qui s'est constitué au cours des années 1960 et 1970.

### 6.1.2.2. La crise du pétrole

Ce que l'on avait appelé à l'époque, « la crise du pétrole » au début des années 1970, « et qui, en réalité, n'était qu'un rattrapage », selon le professeur Joseph Tchundjang(…), avait fait quadrupler le prix du pétrole, en espace de quelques mois seulement, en 1973 et 1975. Conséquemment, les pays sous-développés, non-producteurs de pétrole, ont vu leurs facteurs s'alourdir, provoquant ainsi d'importants déséquilibres dans leur balance des paiements. La conséquence, c'est le creusement plus marqué dans les finances publiques de ces pays, amenuisant ainsi leurs capacités de remboursement des dettes contractées antérieurement.

### 6.1.2.3. La détérioration des termes de l'échange

La détérioration des termes de l'échange provoquée par la baisse continue des prix des matières premières (sauf celui du pétrole), à partir des années 1970, a fait que la plupart des pays sous-développés, incapables de faire des prévisions stables des revenus d'exportations, leurs principales ressources budgétaires, ont cherché à s'endetter davantage pour financer leur développement. La détérioration des termes de l'échange va d'ailleurs perdurer, elle aussi, pour se transformer pratiquement en cause tendancielle. Le tableau n° 2, ci-après, nous donne une idée de la baisse des prix de certains produits agricoles d'exportations variant entre - 4% et – 40, 6% entre 1986 et 1989.

Tableau n° 2 : variation des cours de certaines matières premières (en %)

| Produits | 1986 | 1987 | 1988 | 1989 |
|---|---|---|---|---|
| Café | - 4, 4 | - 40,6 | - 11, 8 | - 13,3 |
| Coton | - 33 | - 7,1 | - 12,1 | - 20 |
| Cacao | - 30,6 | - 17,5 | - 13,8 | |

### 6.1.2.3. Le recyclage des pétrodollars

L'abondance de capitaux sur le marché financier international, consécutive au recyclage des pétrodollars, suite à « la crise » du pétrole de la même période des années 1970, a énormément contribué à l'endettement international : d'un côté, les banques commerciales cherchaient à placer leurs abondants pétrodollars, de l'autre, les pays en développement en demandaient toujours davantage. La rencontre, sur le marché des capitaux devenu sur-liquide, ne pouvait qu'aboutir à l'endettement considérable des pays sous-développés, en quête de financements. En effet, la hausse du prix du pétrole a permis aux pays producteurs de pétrole de dégager d'énormes revenus excédentaires, en pétrodollars. Et dans la trappe économique que constituent les pays arabes (principalement pour le pétrole) et les pays africains, producteurs de pétrole, les gouvernements n'étaient pas en mesure de déposer les produits énormes de la vente de leur pétrole dans les banques nationales, alors qu'en réalité, il ne s'agit que de simples jeux d'écriture - devenue électronique depuis - que tout comptable peut aisément passer. On avait, alors, inventé les notions de pétrodollars (les revenus du pétrole payés en dollars) et de recyclage des pétrodollars (signifiant faire transiter ces revenus dans les banques occidentales) ; les banques occidentales les prêteront par la suite, aux pays du Tiers-monde qui en ont énormément besoin pour financer leur développement : voilà le circuit savamment inventé et entretenu par les Occidentaux, pour rallonger le circuit et renchérir les coûts des pétrodollars arabes recyclés en Occident, pour être prêtés aux « pays africains-frères des pays arabes ».

Il faut toutefois relever que la détérioration des termes de l'échange, au départ conjoncturelle, s'est transformée en facteur tendanciel en se prolongeant sur plusieurs années, voire sur plus d'une décennie. De même, l'abondance des capitaux, provoquée d'abord par les eurodollars, puis les pétrodollars, consécutivement à l'augmentation du prix du pétrole en 1973 et en 1975, s'est pérennisée par la suite, avec l'offre de beaucoup de capitaux sur le marché des pétrodollars, au point de contribuer, de façon tendancielle, à l'endettement des pays pauvres non-producteurs de pétrole. Le prix du pétrole a continué à croitre et n'est jamais retombé à son niveau initial d'avant 1973, se transformant ainsi en facteur tendanciel de gonflement de la dette des pays en développement non - producteurs de pétrole.

# CHAPITRE DEUXIÈME

# LES SOLUTIONS TRADITIONNELLES AU SURENDETTEMENT

Dans ce chapitre, nous exposerons d'abord, les solutions proposées par les parties prenantes de la crise de d'endettement des années 1980-1990, c'est-à-dire, les créanciers (les pays développés, les organisations économiques et financières internationales, les banques privées) et les débiteurs ( les pays en voie de développement) ; puis, nous passerons en revue, les différentes explications et solutions proposées par la théorie traditionnelle pour, enfin, proposer une nouvelle approche qui permet à un pays d'éviter la crise de l'endettement quelle que soit sa situation financière.

Face à la crise de la dette, les parties prenantes vont ébaucher des solutions ; mais, ces ébauches de solutions varient selon qu'il s'agit de débiteurs ou de pays créanciers, selon qu'il s'agit de créanciers privés ou publics.

## I. LES PAYS DÉBITEURS

La solution idéale à l'endettement, c'est le règlement de la créance, conformément aux dispositions contractuelles.

Or, dans les années 1980 et 1990, les pays du Tiers-monde, avaient éprouvé des difficultés à rembourser leurs dettes, à une période où la gestion de leurs économies inspirait de moins en moins de confiance, et où ils avaient du mal à remplir les conditions minima des institutions de Bretton Woods ; tout ceci jouait négativement sur les financements extérieurs de leurs économies, les bailleurs de fonds s'en remettant toujours aux appréciations négatives (souvent de l'époque) ou positives du FMI et de la Banque Mondiale sur la situation financière de leur économie domestique, avant tout prêt. Par conséquent, ils étaient en situation délicate de recourir, soit au report des échéances de paiements (rééchelonnement), soit au refus de paiement ; ils vont utiliser, d'abord, les négociations (la Côte d'Ivoire), puis le défaut de paiement (Chili, Venezuela, Argentine etc.) ou le moratoire (, Pérou, Côte d'Ivoire, Brésil) comme solutions à leurs problèmes de dette.

Après le Pérou (1986), la Côte d'Ivoire et le Brésil, à la suite des négociations qui se sont avérées insuffisantes, pour résoudre leurs problèmes de dette, ont déclaré, en 1987, le moratoire partiel ou total sur leurs dettes extérieures.

Le Chili, le Venezuela et l'Argentine, eux, ont déclaré, purement et simplement, le défaut de paiement de leurs dettes en 1988.

## II. LES STRATÉGIES BANCAIRES AU DÉBUT DE LA CRISE

À l'éclatement de la crise en 1982, les banques commerciales qui avaient prêté beaucoup d'argent aux pays en développement, se sont retrouvées en grande difficulté. En effet, leurs créances sur les pays en développement représentaient des proportions importantes de leurs fonds propres ; à titre d'exemple, les créances de certaines banques américaines sur le Brésil, l'Argentine, le Venezuelà et le Chili étaient extrêmement élevées et représentaient, respectivement :

-141% des fonds propres de Morgan Guaranty ;

-154% des fonds propres de Chase Manhattan ;

-158% de ceux de Bank of America ;

-170% des fonds propres de Chemical Bank ;

-175% de ceux de City Bank.

Par conséquent, les banques privées vont tenter d'apporter des solutions à leurs créances, devenues subitement douteuses. Elles ont d'abord trouvé une solution technique en interne, en provisionnant et en jouant sur leurs spreads ; puis, elles sont intervenues sur le marché secondaire de la dette, pour y effectuer des transactions à partir de 1985 ; enfin, elles ont utilisé la voie de la négociation à travers le Club de Londres.

### 2.1. La réduction du spread et le provisionnement

Quand la crise de la dette éclate en 1982, les banques américaines sont les plus touchées, même si la communauté bancaire internationale, dans son ensemble, est concernée. En effet, leur degré d'exposition

Actifs / Fonds propres

tel que le montrent les chiffres indiqués ci-dessus, était nettement élevé. De plus, elles détenaient une part importante de la dette des pays en développement. Par exemple, en 1984, elles détenaient 36,30% du total de la dette des pays sous-développés en difficulté de remboursement de leurs dettes.

Devant cette situation, les banques américaines, ne provisionnaient pas encore ; elles cherchaient plutôt « à rentabiliser le risque » en augmentant le spread qui est déterminé comme suit :

Spread = Libor + gain + risque

le Libor, étant « London Interbank offered rate », c'est-à-dire le taux d'intérêt de référence utilisé pour calculer le taux moyen auquel les banques commerciales s'accordent ,entre elles, des prêts à court terme.

Seules les banques allemandes et françaises provisionnaient déjà, et ce, depuis le début de la crise de la dette en 1982. Elles vont d'ailleurs le faire davantage à partir de 1984. Au même moment, le Plan Baker (que nous verrons plus loin) va demander aux banques privées, d'accroitre le volume de leurs prêts, donc leur degré d'exposition, envers les pays fortement endettés en difficulté ; ce plan aura des résultats plus ou moins acceptables.

Dès 1985, les pays fortement endettés demandent, sans grand succès, la réduction du spread, devenu trop important et pesant pour eux.

À la suite de la déclaration de moratoire par le Brésil en 1987, CITICORP, une banque américaine, la plus grande banque du monde à l'époque, commence à provisionner, à son tour ; l'opération est fructueuse et les autres banques américaines lui emboiteront aussitôt le pas. Elles seront davantage encouragées à provisionner par la loi fédérale américaine, qui, modifiant celle de 1933 limitant les activités des banques dans leurs États d'origine respectifs, les autorisa à exercer, désormais, dans cinq États, élargissant du coup leur champs d'activités et le volume de leur clientèle.

Bientôt, tout le système bancaire international va provisionner pour créances doutes. L'opération est d'autant plus rentable que les taux d'imposition sont élevés dans un pays, dans la mesure où les banques ne paient pas d'impôt sur les provisions pour créances douteuses, même si les résultats des provisionnements varient en fonction de la fiscalité de chaque pays. Globalement, le provisionnement est un succès pour les banques privées.

### 2.2. Les négociations au Club de Londres

Les banques commerciales impliquées dans la crise de l'endettement international, très nombreuses - leur nombre passant de 50 à 100, puis 1000 et 1500 banques en

1980(Dembrinski, 1989) vont se regrouper, de façon informelle, au sein du Club de Londres, et engager des négociations, pour trouver une issue à l'impasse financière qui a commencé à se dessiner, à leur insu, depuis les années 1970.

Le montant de la dette des pays en développement était déjà important au même moment ; il passa de 660 milliards de dollars américains, en 1980, à 992 milliards de dollars en 1982, puis à 1035 milliards de dollars en 1985(FMI, World debt table, 1985).

L'ampleur du montant de la dette et le nombre élevé de banques impliquées amènent le Club de Londres à s'organiser en plusieurs petits groupes (de 10 à 15 membres) appelés « steering Commitees » ou Comités de Direction, en Français. De toute évidence, les banques sont diversement concernées, selon leur degré d'exposition et le niveau de risque de paiement de leurs créanciers. Toutefois, on peut noter trois points autour desquels les Steering Commitees ont axé leurs négociations :

- les modalités de rééchelonnement ;

- les conditions de rééchelonnement des engagements antérieurs ;

- le volume de l'afflux de capitaux frais.

Dans les différentes négociations, les Steering Committees ont souvent fait preuve de beaucoup de compréhension, non seulement par logique bancaire, mais aussi par bon sens ; en effet, elles ont pris en compte le fait que les engagements des débiteurs étant devenus extrêmement élevés, il était pratiquement impossible de les honorer tant que le risque de rupture – défaut ou répudiation- restait extrêmement élevé. Il fallait donc, à la limite, éviter d'acculer les pays débiteurs ; les banques ont assumé alors, une partie des charges ; par exemple, elles ont réduit le spread, par rapport au taux de base (libor ou prime rate) retenu dans les contrats ; il est passé, en moyenne, de 2% en 1983 à 1 % en 1986.

Pour fermer la porte à d'éventuels francs-tireurs, les Steering Committees ont prévu, dans les accords de rééchelonnement, des clauses « de défaut croisé » (cross-default) qui permettaient aux banques signataires de « stipuler solidairement que le non- respect des engagements à l'égard d'une d'elles ou de l'autre partie, sera considéré comme tel par toutes les autres banques ».

Malgré la bonne compréhension dont les banques ont fait preuve, les Comités de Direction vont également adopter, à partir de 1983, la même démarche que le Club de Paris, à savoir, « exiger des pays débiteurs, un certificat de bonnes mœurs, en matière de mesures de politiques économiques internes que seul le FMI doit délivrer ».

### 2.3. Le marché secondaire de la dette

Dans ce contexte, chaque banque va tenter d'élaborer, de façon individuelle, sa propre stratégie pour « réduire la vulnérabilité de son bilan, minimiser les pertes, maximiser la profitabilité des gains futurs ». Dans cette optique, les banques privées ont fait usage du marché. Elles utilisent tout au début, la technique des « exit bonds » (bons de sortie) qui leur permettait, tout en refusant d'augmenter leur degré d'exposition, de les échanger, à une forte décote, contre les obligations émises par les pays débiteurs fortement endettés. Ainsi, elles préféraient cette opération au rééchelonnement et à l'apport d'argent frais aux pays endettés.

Néanmoins, une telle opération d'exit-bonds, comportait un inconvénient majeur : elle n'était concevable et réalisable que par les banques qui étaient en mesure d'amortir les pertes engendrées par la décote. Mais, au fur et à mesure que l'on avançait dans le temps, les créances des pays en voie de développement endettés circulaient, malgré tout, et de plus en plus, entre banques, de sorte à aboutir, en 1985, à ce que l'on a appelé, le marché secondaire de la dette. Ainsi, est appelé marché secondaire de la dette, le marché où s'échangent les créances des pays en développement.

Au départ, le marché secondaire de la dette était assez modeste ; avant 1985, seules les banques commerciales intervenaient sur ce marché assez singulier ; à cette époque, les banques utilisaient surtout les opérations de swap.

Mais, à partir de 1985, le marché secondaire de la dette va rentrer dans sa phase de dynamisation de sorte que les agents économiques non- bancaires vont y intervenir, avec échange de dette contre prises de participations ; et les banques iront jusqu'à publier le prix de la dette, parfois, au jour le jour ; ceci contrastait avec l'attitude assez réservée, voire informelle, que requéraient les opérations sur le marché secondaire de la dette entre 1982 et 1985.

Différentes techniques étaient utilisées sur le marché secondaire de la dette : conversion de dette en actif, échange de créances, rachat de dette :

- la conversion de la dette en actifs permet, soit au prêteur initial, soit à un agent économique qui l'a achetée avec décote, sur le marché secondaire de la dette, de l'échanger contre des prises de participations (actions, obligations) dans des entreprises locales ;

- l'échange des créances permet à leurs détenteurs de les échanger, avec une décote ;

- le rachat de la dette, une opération qui permet à un pays de racheter sa propre créance assortie de décote : La Bolivie et le Chili l'ont beaucoup utilisée ; le rachat de dette avait permis, particulièrement à la Bolivie, de racheter, en 1988, 40% de sa dette commerciale (soit 335 millions de dollars américains) à une décote de de 89%. Le tableau, ci-après, donne une idée du volume très important du total des transactions sur le marché secondaire de la dette des pays en développement entre 1985 et 1989, soit la somme abyssale de 65000 milliards de dollars US.

Tableau n° 3 : marché secondaire de la dette des pays en développement (en million de dollars us).

| Pays | 1982 | 1985 | 1987 | 1988 | 1989 |
| --- | --- | --- | --- | --- | --- |
| Argentine | 699 | 469 | 469 | 1302 | 1500 |
| Brésil | 2095 | 1049 | 2519 | 8100 | 3200 |
| Chili | 925 | 1187 | 3294 | 2927 | 2767 |
| Mexique | 1056 | 2093 | 4217 | 6670 | 2625 |
| Philippines | 798 | 348 | 531 | 931 | 656 |
| Yougoslavie | | | | 34 | 1400 |
| Venezuela | 49 | 45 | 351 | 544 | 544 |
| Autres pays | 504 | 251 | 287 | 896 | 343 |
| Conversions | 6126 | 5442 | 11842 | 21091 | 13035 |
| Total transactions | | | 25000 | 50000 | 65000 |

Sources : Finances et Développement (FMI) de 1990

Ce tableau n° 3 montre :

- pour chaque pays et par an, le volume des transactions qui ont été réalisées sur le marché secondaire de la dette des pays en développement, entre 1982 et 1989 ;

- le montant total des opérations de conversion de dette et autres transactions sur le marché secondaire au cours des premières années de la crise de la dette.

Malgré les différentes stratégies et techniques adoptées par les parties prenantes que nous avons exposées jusqu'ici, le problème de l'endettement des pays sous- développés persistait. Alors, d'autres mécanismes et techniques ont été élaborés ; il s'agit notamment du ratio Cooke et des plans Brady, Miyazawa et Mitterand.

### 2.4. Le ratio Cooke

Sur la base du Concordat de Bâle publié en 1983, qui met les banques centrales en garde contre le danger d'une supervision lacunaire des activités bancaires internationales, le Comité de Bâle, composé des gouverneurs des banques centrales (présidé par Peter Cooke, d'où son appellation) et des autorités de supervision des banques centrales des pays industrialisés, a établi, en juillet 1988, le ratio Cooke au niveau international, pour éviter les faillites bancaires. C'est un ratio de solvabilité, c'est-à-dire un calcul standard de l'exposition des banques afin de pallier leurs insuffisances et réduire les risques. Il met en rapport fonds propres et actifs pondérés et tient compte des activités hors bilan et se présente comme :

Ratio Cooke = Fonds propres / Actif

Ce ratio doit être égal à 8 %, le niveau considéré comme indicateur de bonne gestion bancaire.

Les banques commerciales sont désormais tenues au respect du ratio Cooke pour éviter des degrés d'exposition élevés. Ainsi, elles doivent « affecter seulement 8% de leurs fonds propres à leurs engagements, lesquels font l'objet d'une pondération représentative du risque de contrepartie qu'ils font courir ».

## III. LES CRÉANCIERS PUBLICS

Les créanciers publics se sont également organisés pour atténuer les effets de la crise de l'endettement, soit à travers le Club de Paris, soit à travers les Plans Baker et Brady, Mitterrand et Miyazawa et l'Initiative PPTE (ou HIPCS en anglais).

### 3.1. Le Club de Paris

Le Club de Paris est un ensemble de créanciers publics des pays en développement comportant essentiellement les pays de l'OCDE, le FMI et la Banque Mondiale auxquels se sont joints les pays arabes exportateurs de pétrole ou en voie de développement comme le Brésil : dans ce cadre, les négociations se passent entre, d'un côté, le pays débiteur, et de l'autre, le Club de Paris et se déroulent en deux jours; un procès-verbal agréé ( agreed minute) sur les différentes décisions arrêtées est signé. Depuis la première réunion en 1956 entre les créanciers publics et l'Argentine (avant l'adoption officielle du nom de club de Paris) jusqu'en 1987, par exemple, le Club de Paris se réunira 150 fois, soit 26 fois entre 1956 et 1987, 56 fois de 1978 à 1984 et 68 fois, de 1984 à 1987.

Le tableau ci-après, donne une idée du volume de la dette rééchelonnée à travers le Club de Paris de 1982 à 1990. Il double pratiquement entre 1985 et 1986, puis double également entre 1986 et 1987 à 27,3 milliards de dollars US, avant de baisser à 8, 6 milliards en 1988. Mais, il remonte aussitôt à 16,7 milliards de dollars américains en 1989, avant de baisser légèrement à 15,2 milliards de dollars américains en 1990 ; au total, c'est le rééchelonnement de la faramineuse somme de 90 milliards de dollars américains dont 27,5 milliards pour le compte de l'Afrique subsaharienne, sur toute la période.

Tableau n° 4 : volume de la dette rééchelonnée entre 1982 et 1990 (en milliards de dollars US)

| Années | moyenne 1982-1985 | 1986 | 1987 | 1988 | 1989 | 1990 |
|---|---|---|---|---|---|---|
| Montant total | 7,6 | 14,6 | 27,3 | 8,6 | 16,7 | 15,2 |
| Afrique Sud Sahara | 1,5 | 9,5 | 2,8 | 1,2 | 9,1 | 3,4 |
| Autres Pays | 6,1 | 4,7 | 24,5 | 7,4 | 7,6 | 11,8 |

Source : World debt table 1991

Le Club de Paris pose trois critères pour la considération des dossiers :

- le Club n'accepte d'examiner le cas du pays débiteur que si le défaut de paiement est imminent, de sorte qu'à court terme, il ne pourra pas faire face à ses créances privées et publiques ;

- le pays débiteur est au stade de bénéficier des conditionnalités du FMI ou, à la limite, il est à la phase ultime de négociations avec le FMI ;

- le créancier accepte de supporter un poids qui est en rapport avec son degré d'exposition vis-à-vis du débiteur.

Malheureusement, ces différentes stratégies mises en place, pour alléger le poids de la crise de l'endettement, n'avait pas donné entière satisfaction ; du provisionnement pour créances douteuses aux négociations au Club de Paris, en passant par les transactions et négociations au sein des Steering Committees et les réductions de spreads, les résultats étaient plus ou moins mitigés, d'autant plus que les problèmes de l'endettement dépassaient nettement celui de la liquidité à court terme ; ainsi, malgré les efforts consentis, la situation des pays débiteurs ne s'était pas beaucoup améliorée ; de plus, la situation financière des pays débiteurs fortement endettés va se dégrader davantage, à partir de 1985, à cause de l'effondrement des prix de leurs produits d'exportations.

Face à l'ampleur du problème, et aux limites des négociations, dans les différentes instances, à résoudre le problème du surendettement, d'autres mécanismes sont mis en place ; il s'agit principalement des Plans Baker (1985), Miyazawa (1988), Brady (1989), Mitterand, et de l'Initiative PPTE (1996) ;

### *3.1.1. Le plan Baker*

À la réunion annuelle du FMI et de la Banque Mondiale, à Séoul, en octobre 1985, l'américain James Baker, alors Secrétaire d'État au Trésor, va proposer ce que l'on a appelé le Plan Baker. Ce plan part du principe que le problème de l'endettement excessif ne trouvera pas de solution tant que les pays lourdement endettés du Sud n'auront pas retrouvé une croissance économique « saine et durable ». En conséquence, ce plan Baker propose trois lignes d'actions :

- l'engagement des pays débiteurs à mettre en œuvre des Programmes d'Ajustements Structurels(P.A.S.) ;

- l'accroissement des ressources financières du FMI et d'autres institutions financières internationales pour aider les pays débiteurs pendant la période de l'application des Programmes d'Ajustement Structurels(P.A.S.) ;

- l'accroissement des flux nets de capitaux bancaires en direction des pays débiteurs, à concurrence de 20 milliards, pour la période 1985-1988.

Les propositions contenues dans le plan Baker se justifiaient parfaitement parce que l'investissement dans les pays fortement endettés avait chuté de 35% entre 1980 et 1986 pendant qu'il a augmenté de 15%, au cours de la même période, dans les pays n'ayant pas de problème d'endettement.

Au niveau du FMI, la réaction est immédiate, avec les dispositions successives, ci-après :

- création, en Août 1986, de la Facilité d'Ajustement Structurel (F.A.S.) dotée de 2 ,7 milliards de DTS qui, prêtée à long terme (sur 10 ans) au taux d'intérêt symbolique de 0,5%, devait aider les pays pauvres fortement endettés, à réaliser les transformations structurelles nécessaires ;

- création de la Facilité d'Ajustement Structurel renforcé en 1987, d'un montant de 6 milliards de DTS ;

- création, en Août 1988, de la Facilité d'Ajustement Structurel Compensatoire et Financement pour Imprévu(FFCFI) dont l'objet était de protéger les programmes d'ajustement contre les chocs extérieurs.

De son côté, la Banque Mondiale avait continué d'accroitre les ressources qu'elle prêtait aux pays endettés au titre de l'ajustement structurel.

Néanmoins, malgré l'augmentation des efforts notables engendrée par le Plan Baker, en faveur des pays lourdement endettés, les résultats sont demeurés mitigés même si, le Mexique - par qui est arrivé le malheur - avait pu rééchelonner la moitié de sa dette privée et obtenir 14 milliards de dollars américains d'argent frais, avec un spread inférieur à 1%, en récompense de sa politique économique jugée convenable par le FMI.

D'ailleurs, dans ce cas spécifique du Mexique qui ne constituait qu'une exception, on y retrouvait tous les éléments du plan Baker, à savoir :

- politique de stimulation de la croissance économique ;

- assistance financière considérable ;

- apport de financements bancaires.

Toutefois, il est à souligner que globalement, il n'y a pas eu d'apports massifs de capitaux frais. Le flux net, en direction des 15 pays en développement les plus endettés, était plutôt négatif en 1985 (- 18 milliards de dollars américains) et en 1986 (- 19 milliards de dollars américains) (cf. world debt table, 1986).

De plus, le FMI n'ayant pu trouver de solution suffisante pour le court terme, les banques s'étaient retrouvées dans une situation difficile : elles manquaient d'appui nécessaire qu'elles espéraient du côté de cette institution et n'avaient plus aucun moyen pour lier la hausse des exportations et / ou la baisse des importations aux nouveaux apports ou aux réaménagements des anciennes créances.

### *3.1.2. Les Termes de Toronto*

En 1988, les créanciers du Club de Paris ont mis en œuvre un nouveau mode de traitement pour les dettes des pays les plus pauvres qu'ils ont appelé les Termes de Toronto. Il prévoyait une réduction de 33,33% de leurs créances avec la possibilité, pour les créanciers, de choisir entre trois options :

- la réduction de la dette de 33,33%, le solde étant rééchelonné au taux approprié du marché, avec une période de remboursement de 14 ans dont 8 années de période de grâce ;

- la réduction du service de la dette : les créances sont rééchelonnées à un taux réduit pendant 14 ans dont 8 de période de grâce ;

- l'option commerciale : les créances sont rééchelonnées, au taux approprié du marché, sur une plus longue période de 25 ans dont 14 ans de période de grâce.

### *3.1.3. Le plan Miyazawa*

Le plan Miyazawa (du nom du ministre japonais de Finances à l'époque) de 1988, pour une réduction de la dette, qui précéda le plan Brady, est axé sur trois grands principes :

- les pays débiteurs devront procéder à la titrisation d'une partie de leur dette, le principal étant gagé par leurs services de change et le produit de la cession des avoirs qu'ils détiennent ;

- le reste de la dette devra être rééchelonné avec différé d'amortissement allant jusqu'à 5 ans, étant entendu que les paiements d'intérêts seraient réduits, suspendus ou annulés ;

- les multinationales accroitront le volume de leurs concours.

*3.1.4. Le plan Brady*

Le plan Brady, publié en mars 1989, propose que :

- le FMI et la Banque Mondiale fournissent les ressources pour aider les pays à réduire l'encours et le service de la dette, par rachat de créances, échanges de créances anciennes avec décote contre obligations nouvelles gagées par des actifs, échanges de créances anciennes contre nouvelles obligations de même valeur nominale, mais assorties d'un taux d'intérêt réduit ;

- de l'argent frais soit accordé aux pays endettés ;

- les pays endettés poursuivent les programmes d'ajustement structurel axés sur la croissance économique et prennent des mesures pour arrêter les fuites de capitaux et rapatrier les capitaux qui ont fait l'objet de fuite à l'étranger ;

La plan Brady a permis de réduire la dette commerciale des Philippines, du Mexique et de Costa Rica de 9,5 milliards de dollars américains en 1990, à travers la réduction et le rachat (cf. FMI, world debt table, 1991).

Mais, l'objectif d'allégement de la dette, visé par le plan Brady (1989) n'a pu véritablement être atteint. L'exemple d'échec est son application entre le Mexique et ses 500 banques créancières qui devaient, soit échanger les dettes contre des bons (titres), soit réduire les taux d'intérêt ou les abaisser carrément sur les nouveaux prêts. La réduction des taux d'intérêt de 10%, fut faite plutôt sur le rééchelonnement que sur l'allégement de la dette mexicaine. Plusieurs facteurs expliquent l'échec : les banques commerciales avaient des intérêts divergents. Certaines avaient opté pour l'effacement d'une partie des créances, d'autres espéraient justement être remboursées en totalité en bénéficiant de l'effacement opérées par les autres. D'autres banques encore avaient refusé de s'engager dans le plan Brady (Bartolini and Dixit, 1988). De plus, ils n'y avaient pas de répondant du côté du Mexique : très peu d'agents économiques mexicains étaient capables de s'engager dans les opérations d'échanges de titres contre dette.

Paul.Hallwood et Ronald MacDonald (2000) pensent que le manque de rapatriement de capitaux au Mexique était une cause majeure à l'échec du plan Brady dans ce pays.

Ces auteurs soutiennent alors qu'un remboursement dans la monnaie locale du pays débiteur pourrait aider à réduire le service de la dette.

Dooley et Helpman (1989), eux, ont proposé l'échange crédit d'impôt-contre-créance qui consisterait pour les banques privées à vendre leurs créances au pays débiteur en échange de crédit d'impôt à régler plus tard. Ceci permettrait aux banques de contribuer, sans risque de perte, à la réduction de l'encours de la dette des pays endettés.

Mais, cette proposition pourrait provoquer ou creuser le déficit budgétaire dans le pays d'origine des banques créancières.

### *3.1.5. Le plan Mitterrand*

Le président Mitterrand, lui, va proposer la création d'un fonds spécial géré par le FMI pour garantir les paiements des intérêts prélevés sur certaines créances commerciales converties en obligations. Ceci devra permettre :

- de réduire les charges financières des pays débiteurs ;

- une nouvelle émission de DTS et leur allocation aux pays endettés, y compris les parts de répartition des pays développés.

À la vérité, toutes ces techniques de réduction de la dette, tous ces plans, très souvent généreux, ont sans aucun doute, atténué l'ampleur de la crise de l'endettement international et permis d'éviter l'effondrement du système bancaire international, à un moment donné ; mais, les pays endettés sont demeurés confrontés aux poids de la dette qui continuait de miner leurs économies respectives.

### *3.1.6. Les termes de Naples*

Les créanciers du Club de Paris ont, en Décembre 1994, pris la décision d'appliquer ce qu'ils ont convenu d'appeler, « les Termes de Naples » qui représentaient une avancée notable, en matière de réduction de la dette des pays pauvres. Elle concerne deux points : le niveau de réduction de la dette et le traitement du stock de la dette.

#### 3.1.6.1. Le niveau de réduction de la dette

Pour les pays pauvres et les plus endettés, l'annulation de crédits passe de 50 à 67%, et s'étend à l'intégralité des traitements de dette, en septembre 1999. Deux modalités sont laissées au choix des créanciers :

- la réduction du service de la dette de 67%, et le reste est rééchelonné au taux du marché sur une période de 23 ans dont 6 années de période de grâce et paiements progressifs ;

- la réduction du service de la dette : les créances sont rééchelonnées sur une période de 33 ans avec paiements progressifs.

La capitalisation des intérêts moratoires (avec une réduction de 67% de la valeur actualisée nette) et l'option commerciale (avec des remboursements plus longs, mais sans réduction de la valeur actualisée nette) ont été également prévues, mais sont restées très peu utilisées.

Les Termes de Naples prévoient aussi des conversions de créances entre créanciers et pays débiteurs.

### 3.1.6.2. Les traitements du stock de la dette

Des traitements du stock de la dette ont été appliqués, au cas par cas, pour les pays qui ont respecté leurs engagements vis-à-vis de leurs créanciers du Club de Paris et du FMI.

### 3.1.6.3. L'Initiative PPTE

Face à l'inefficacité relative des différentes propositions dans la résolution sinon totale, du moins significative du problème de l'endettement international, le FMI et la Banque Mondiale vont initier un mécanisme d'allègement plus hardi de la dette des pays pauvres lourdement endettés : C'est l'Initiative PPTE ( ou HIPCs, Heavily Indebted Poor Countries, en Anglais), un programme qui vise à assister les pays les plus pauvres du monde en réduisant leurs dettes internationales à un niveau « gérable et soutenable ». Il a été lancé en 1996 et a fait l'objet de réforme en 1999, sous forme d'Initiative PPTE renforcée. Toutefois, la réduction est accordée en fonction des efforts fournis par les pays concernés, dans la lutte contre la pauvreté. Pour être éligible à l'Initiative PPTE ou au PPTE renforcé, le pays doit respecter quatre conditions :

- être éligible seulement à l'assistance concessionnelle au FMI et à la Banque Mondiale (IDA-only criterion) ;

- avoir un niveau d'endettement insoutenable ;

- avoir correctement exécuté des réformes et appliqué de saines politiques économiques dans le cadre de programmes soutenus par la FMI et la Banque Mondiale ;

- avoir formulé un document de stratégie de réduction de la pauvreté (DSRP).

Des ratios sont également pris en compte pour l'admissibilité des pays au programme PPTE, puis PPTE renforcé, en plus du principal indicateur de viabilité de la dette extérieure, à savoir

Valeur Actualisée Nette de la dette / Exportation

qui doit être compris entre 200 et 250 %. Et le « ratio cible dans cette fourchette, pour un pays admissible est déterminé à l'aide d'indicateurs de vulnérabilité propres à chaque pays tels que la concentration ou la vulnérabilité des recettes d'exportation, la charge que le service de la dette extérieure fait peser sur le budget, le ratio dette extérieure/PIB, l'écart de ressources, le niveau des réserves internationales et le poids de la dette du secteur privé »

En outre, le pays dont l'économie est ouverte sur l'extérieur, c'est-à-dire le pays ayant un ratio

Exportations / PIB > 40%

et qui engage des efforts significatifs de mobilisation de recettes, c'est -à- dire

Recettes / PIB $\geq$ 20%,

est admissible si la valeur actualisée nette de la dette dépasse 280% des recettes publiques.

À la suite de critiques, observations et suggestions formulées par le public, des modifications sont apportées dans les critères, précisément, en ce concerne les différents ratios qui sont revus à la baisse. On a alors les nouveaux ratios suivants :

- ratio VAN de la dette / Exportations = 150%, au lieu de 200 à 250% qui devient, par ailleurs, l'objectif unique ; ce qui implique que l'on ne prend plus en compte la vulnérabilité par pays ;

- ratio Dette / Recettes budgétaires = 200 % en lieu et place de 250 % ;

- ratio Exportations / PIB = 30% au lieu de 40 % ;

- ratio Recettes publiques / PIB = 15% au lieu de 30 % antérieurement ;

De plus, le renforcement se fait également à travers :

- l'accélération des allégements grâce à l'apport d'une aide intérimaire par les institutions financières multilatérales, entre la phase de la décision et la fin du processus (le point d'achèvement) ;

- la concentration du reste de l'aide multilatérale, en début de période, après le point d'achèvement ;

- l'adoption de dates flottantes pour la fin du processus ;

- la sortie définitive de la situation de dette intenable.

Après la période de décision, suivie de celle de l'achèvement, le pays bénéfice des avantages de l'Initiative PPTE.

Les termes de Lyon en 1998 (annulation de 80%), et de Cologne en 1999 (annulation de 90%), dans le cadre de l'Initiative PPTE et PPTE renforcée, ont contribué à réduire, de façon significative, l'endettement international des pays concernés (cf. article en annexe).

Ainsi, 42 pays dont 33 pays africains, ont bénéficié d'effacement de leurs dettes au début du programme en 1996.

Le tableau n° 5, ci-après, présente les pays ayant bénéficiée de l'Initiative PPTE renforcée, avec la faramineuse somme de 6.770 millions de dollars américains au total.

Tableau n°5 : Allégement de la dette en millions de dollars US dans le cadre de l'Initiative PPTE renforcée

| Pays | décision | achèvement | $ US | réd | Créance totale | FMI |
|---|---|---|---|---|---|---|
| **Ouganda** | **avr-97** | **avr-98** | **650** | **20** | **347** | **69** |
| **Bolivie** | **sept-97** | **sept-98** | **760** | **13** | **448** | **29** |
| **Burkina Faso** | **sept-97** | **avr-00** | **200** | **14** | **115** | **10** |
| **Guyana** | **mars-97** | **Mars99** | **410** | **24** | **256** | **15** |
| **Côte d'Ivoire** | **mars-98** | **mars00** | **800** | **6** | **345** | **23** |
| **Mozambique** | **Avril1998** | **juin-99** | **3700** | **63** | **1716** | **125** |
| **Mali** | **sept-98** | **déc-99** | **250** | **10** | **128** | **14** |
| **TOTAL** | | | **6.770** | | **335** | **305** |

Source : FMI

Toutefois, le caractère obligatoire des plans d'ajustement pour l'accès au crédit et à l'aide multilatérale au développement et la disparition de l'aide soviétique, dans les années 1980, consécutive à la fin de la guerre froide, ont fait de ces plans, un élément économique fondamental pour la détermination de la politique économique des pays endettés, les contraignant du coup à « négocier leur propre politique économique avec l'Occident créancier plutôt que de la définir eux-mêmes ».

Par ailleurs, on peut souligner l'inefficacité relative de l'Initiative PPTE ; à cet égard, l'Agence de notation Standard and Poor's relève même « la résurgence de risques sur le remboursement de la dette en Afrique Saharienne, ce qui suggère un échec du programme PPTE » ; L'Agence écrit notamment en 2012 : « quinze ans après, nous voici revenus quasiment au point de départ ; sur 11 pays africains ayant bénéficié du programme PPTE, deux, le Congo et le Mozambique, ont un niveau d'endettement égal ou supérieur à celui qu'ils avaient avant leur entrée dans le programme PPTE. Six pays (le Ghana, le Mozambique, le Rwanda, le Sénégal, l'Ouganda et la Zambie) consacrent une large part de leurs recettes publiques à rembourser leurs dettes, maintenant que dans les années 2000 ». Même si le mot échec semble un peu fort pour les résultats de l'Initiative PPTE, la réussite totale semble ne pas être non plus au rendez-vous.

### 3.2. Les résultats mitigés de l'Initiative PPTE

On peut dire, sans grand risque de se tromper, que les différents mécanismes, stratégies et techniques utilisés par les parties prenantes n'ont pas permis, jusqu'ici, de résoudre le problème de l'endettement international, de façon satisfaisante. Les trois tableaux n° 8, 10 et 11 montrent que les dettes des pays endettés continuent d'augmenter depuis 2010.

On peut trouver plusieurs explications aux résultats mitigés de l'Initiative PPTE: approche historique des programmes, usage de ratios inappropriés ou même erronés, non prise en compte de variables explicatives endogènes, concept erroné de l'optimalité de la dette etc.

### *3.2.1. L'inexactitude de l'approche historique*

Les différentes propositions des parties prenantes, créanciers et débiteurs, sont fondamentalement basées sur l'évolution des agrégats et indicateurs économiques déterminés comme critères. Il s'agit, en fait, de l'évolution de ces critères, avant et après l'entrée des pays endettés concernés, dans le programme d'allégement, sur une période probatoire. C'est l'approche historique à partir de l'hypothèse qui consiste « à se baser naïvement sur les statistiques passées pour prédire le comportement futur des agents économiques, sans prendre en compte leurs réactions aux changements que les autorités vont décider ». Les augmentations des variables explicatives $X_1$ et $X_2$ ayant provoqué une hausse ou une baisse de la variable dépendante Y, on présume que probablement leurs effets se répèteront dans la période suivante. Ceci suppose donc que les agents économiques réagissent exactement de la même façon à deux périodes différentes. Or, tel n'est pas le cas. Leurs préférences peuvent changer, entrainant une modification de leur comportement, de leur réaction en fonction de l'environnement. Alors, dans ce qu'il est convenu d'appeler la Critique de Lucas (1976), l'auteur suggère « d'utiliser des modèles structurels dans lesquels les agents économiques réagissent rationnellement et adaptent leur comportement en fonction de l'environnement ». Il s'agit, pour les spécialistes en économie, de ce qu'on appelle « les modèles d'équilibre général ». Ici, les agents économiques font des anticipations rationnelles, c'est-à-dire des prévisions en fonction des informations dont ils disposent. Par exemple, si le centre commercial Abidjan - Mall n'a jamais été victime de vol, cela ne doit pas amener les responsables de ce centre commercial, à retirer les agents de sécurité qui en assurent la sécurité, dans la mesure où, s'ils les retirent, la tentation chez les gangsters, d'y commettre des vols ou des braquages, sera plus grande, et probablement, ils en commettront. La probabilité sera d'autant plus élevée que l'élément dissuasif (les agents de sécurité) n'existera plus en cas de retrait. Ici, le comportement des gangsters, par rapport au centre commercial, peut varier en fonction de la présence ou non des agents de sécurité.

Du point de vue macroéconomique, le cas que les économistes citent, souvent comme exemple d'anticipations, est celui de la politique monétaire : l'efficacité de la politique monétaire à court terme(courbe de Phillips) grâce aux anticipations adaptatives (Friedman, 1957 ) est contredite en réalité, non seulement à long terme, mais également à court terme, à cause justement, du concept des anticipations rationnelles introduit par Lucas( 1976) ; ce concept préconise, en effet, que «  les agents économiques anticipent parfaitement les politiques économiques et intègrent les anticipations dans leur comportement ».

Aussi, les décisions arrêtées et les différentes politiques de sortie de crise de la dette des pays très endettés, conduites dans le cadre des programmes d'ajustement structurel, sont – elles anticipées rationnellement par les agents économiques ; ainsi, leur impact est sinon annulé, du moins considérablement réduit (cf., cas du Mexique). En conséquence, les résultats des programmes d'allègement de la dette des pays très endettés sont plus ou moins mitigés.

### *3.2.2. Des ratios inappropriés ou erronés*

De l'examen minutieux des différents ratios qui conditionnent l'admissibilité des pays en voie de développement endettés aux programmes de réduction de leurs dettes, il ressort que certains sont inappropriés, d'autres erronés, d'autres encore administratifs, donc arbitraires et sans fondement scientifique. Naturellement, les respecter ne peut conduire qu'à des résultats négatifs ou mitigés tels que relevés par l'agence de notation Standards and Poor's.

#### 3.2.2.1. Le ratio Valeur actualisée nette de la dette / exportations

Le ratio valeur actualisée nette de la dette / exportations, le principal indicateur de viabilité de la dette extérieure (selon les institutions de Bretton Woods) qui doit initialement se situer entre 200 et 250%, ne nous semble pas tout à fait fiable. En effet, il suppose que les revenus d'exportations sont les seules ressources publiques dont dispose l'État ou les seules qui doivent être allouées au remboursement de la dette extérieure. Or, l'État dispose d'autres ressources : recettes fiscales, dividendes, emprunts intérieurs et extérieurs, emprunts obligataires, impôtinflation, émissions de titres, revenus de loteries, revenus de seigneuriage à la Banque centrale, produits de vente de certains biens publics (électricité et eau) etc. ; ces ressources se fondent d'ailleurs en un seul compte au nom du principe de l'universalité des Finances Publiques qui interdit l'affectation d'une ressource spécifique à une dépense spécifique( même si ce principe n'est pas tout fait rationnel (cf., Djelhi Yahot, 2017, 2020) ; de plus, l'intervalle de variation de 200 à 250% est totalement arbitraire. Sur quelle base scientifique a-t-il été déterminé ? Pourquoi pas nettement plus ou nettement moins ? Ces questions sont d'autant plus fondées que l'intervalle a été rétréci, par la suite (comme précédemment indiqué), par les institutions de Bretton Woods, dans le programme d'allégement de la dette des pays endettés.

### 3.2.2.2. Le ratio Exportations / PIB

Dans l'approche traditionnelle, le ratio Exportations/PIB semble traduire le degré d'ouverture de l'économie d'un pays ; mais, le seuil déterminé pour les pays pauvres endettés, de 40%, puis de 30%, n'explique rien du point de vue de leur capacité à collecter davantage de recettes d'exportations même si le degré d'ouverture intensifie le commerce extérieur qui est une variable explicative de la croissance économique. Si l'on raisonne en termes de volume ou de quantité d'exportations, ce degré peut être élevé sans que le pays ne tire davantage de ressources d'exportation en cas de détérioration des termes de l'échange, d'excès d'offre ou de faible demande sur le marché international des ou du produit (s) d'exportation de sorte que les prix sont bas.

La détérioration des termes de l'échange dans les années 1980, sur le marché de la plupart des produits primaires agricoles (café, cacao, coton, caoutchouc, etc.) en est une parfaite illustration. Malgré leur degré d'ouverture, les revenus d'exportation des pays exportateurs de ces produits continuaient de baisser vertigineusement ; ils avaient du mal à faire face à leurs obligations contractuelles.

L'augmentation du volume des exportations dépend aussi du multiplicateur du commerce extérieur dont la variation positive peut être réduite par la valeur du multiplicateur commercial à l'importation. De même, rien ne prouve que la condition Marshall-Lerner (la somme des élasticités de demande d'importations et d'exportations supérieure à unité) sera remplie, à la suite d'une augmentation des exportations, pour permettre un accroissement substantiel du solde commercial impactant plus significativement le revenu national.

La marge de variation du degré d'ouverture (40%, puis 30%) exigée des pays candidats à l'allègement de la dette est arbitraire ; elle ne présage de rien de précis, du point de vue des conséquences positives du degré d'ouverture sur le volume d'exportation et les recettes d'exportation ou sur les ressources de l'État pour faire face à toutes les dépenses publiques, y compris le service de dette.

#### 3.2.2.3. Le ratio Recettes fiscales / PIB

Ce ratio est beaucoup plus rationnel puisqu'il traduit effectivement la capacité de collecte de l'État ; mais, son seuil, fixé initialement à 30 %, était arbitraire, excessif et semblait être un taux de pression fiscale répressif, donc contreproductif du point de vue macroéconomique. Par exemple, des études économétriques ont révélé un taux de pression fiscal optimal (cf. courbe de Laffer) de 21% pour les pays de l'ex-UEMOA. Or, la pratique d'une telle pression fiscale, combinée avec les taux d'intérêt débiteurs élevés dans certains pays de l''ex-UEMOA (par exemple, la Côte d'Ivoire), contribue à réprimer doublement l'investissement, donc l'économie domestique.

#### 3.2.2.4. Le calcul erroné du PIB qui fausse tout

Dans mon ouvrage intitulé *Croissance économique sans développement en Afrique*( paru chez l'Harmattan, Paris, en 2019 ), j'ai démontré que calculer le PIB sous forme de moyenne simple ( arithmétique) est erroné ; sous cette forme, le PIB ne peut, statistiquement et mathématiquement parlant, refléter la réalité économique ; en effet, les trois grands secteurs de l'économie – primaire, secondaire et tertiaire – ne contribuent pas, de façon égale, à la création de richesses dans un pays. Pour tenir compte de leur poids respectif dans la création de la production nationale de richesses, il faut absolument pondérer leurs contributions respectives par des coefficients ; ainsi, le PIB doit être calculé sous forme de moyenne géométrique qui permet une telle pondération et reflète, rationnellement, la contribution de chaque secteur d'activités économiques au processus de création du PIB. En conséquence, les ratios,

Recettes fiscales / PIB et Exportations / PIB

ne peuvent, véritablement, traduire la capacité de collecte fiscale ou le degré d'ouverture sur l'extérieur d'un pays, dans la mesure où le PIB, leur dénominateur commun, est erroné et ne permet pas une interprétation scientifique de l'économie positive.

3.2.2.5. L'absence de variables explicatives endogènes

Les parties prenantes ont toujours tenté de résoudre le problème du surendettement (ou de l'endettement) international, en prenant, généralement en compte, des variables exogènes comme facteurs à l'origine du surendettement sans prendre en considération des variables endogènes. Or, il est difficile, voire impossible, d'agir directement sur ces variables explicatives exogènes qui conditionnent l'admissibilité des pays en voie de développement très endettés aux programmes d'allégement de leurs dettes. La production des produits d'exportation agricoles (café, cacao, coton, thé, caoutchouc, anacarde, banane etc.) et/ ou l'extraction des minerais du sous-sol (manganèse, or, diamant, platine, cuivre, uranium, cobalt,) étant le fait du secteur privé, les pays sous-développés endettés ne peuvent en déterminer ni les volumes ni les prix sur le marché. De plus, les quantités des produits primaires agricoles sont également soumises aux aléas climatiques. D'où des difficultés à réaliser les résultats escomptés en matière d'allégement de la dette des pays lourdement endettés.

Par contre, il existe bel et bien des variables endogènes sur lesquelles l'État peut agir directement pour les faire varier dans un sens comme dans l'autre ; il existe, également, un facteur endogène spécifique (la dette) dont le niveau d'optimalisation permet d'éviter le surendettement, comme nous le verrons, dans le chapitre suivant ; mais, en attendant, relevons que les exportations, le PIB (ou RNB), les ratios exportations / PIB, Dette /PIB, sont des variables exogènes qui ne rentrent pas dans un mécanisme de rentabilisation de la dette contractée. Or, en dehors du règlement au comptant, résoudre le problème de la dette contractée ne peut se faire qu'en la rentabilisant à court, moyen ou long termes (en fonction des dispositions contractuelles). D'où la nécessité de rechercher des variables endogènes - par exemple, le taux d'intérêt débiteur optimal et le taux de rendement optimal de la dette contractée – qui, utilisées rationnellement, permettent de rentabiliser la dette des pays en voie de développement très endettés (par référence au taux d'endettement traditionnel). C'est l'objet du chapitre suivant du livre.

# CHAPITRE TROISIÈME

## UNE NOUVELLE APPROCHE : LE RENDEMENT OPTIMAL DE LA DETTE

### I. LES EXPLICATIONS DE LA THÉORIE ÉCONOMIQUE TRADITIONNELLE

Depuis que le plan Marshall, après la Seconde Guerre mondiale, a permis de reconstruire l'Europe dévastée, la question ne se pose plus de savoir si l'endettement international est une source de financement du développement économique. La seule question que l'on peut se poser, c'est de savoir à quel niveau l'endettement est soutenable à long terme, c'est-à-dire « sans mettre en péril l'activité économique du pays, sans susciter la crainte des marchés et laisser entrevoir les possibilités de défaut de paiements ».

Certaines organisations et communautés économiques ont fixé un seuil à ne pas dépasser. Pour l'Union européenne, le taux d'endettement optimum est de 60% du PIB. L'ex-UEMOA, la CEDEAO et la CEMAC maintiennent le taux d'endettement optimum à 70% du PIB. Des études empiriques ou économétriques et les faits contredisent totalement ces deux niveaux d'endettement optimum quand d'autres études économiques déterminent d'autres variables de solvabilité des pays endettés.

La théorie économique, elle-même, est donc allée plus loin, pour essayer de comprendre le phénomène de l'endettement pour pouvoir y proposer des solutions en cas de surendettement ; mais, ces solutions, jusqu'ici, semblent inefficaces, soit parce que les théories proposées sont fragiles ou ambiguës, soit parce qu'elles sont mal appliquées (parce que mal interprétées) ou elles ne le sont pas du tout. Mais, comment la théorie économique explique – t – elle le phénomène de l'endettement ? Pour répondre à cette question, nous reproduisons ici, dans les paragraphes suivants, avec additifs, l'analyse que nous avions déjà faite dans *« Zone monétaire et développement économique en Afrique »* (publié aux éditions l'Harmattan, à Paris, le 19 novembre 2019).

### 1.1. Le niveau d'endettement optimal

« L'efficacité de l'endettement d'un pays (…) a fait l'objet de débats chez les économistes depuis les années 1970. De façon générale, ils ont abouti à la conclusion que la détermination d'un niveau d'endettement optimal est nécessaire pour que son remboursement n'ait pas d'effets négatifs sur la croissance économique ; (…) mais, d'autres études empiriques ou économétriques et les faits contredisent le concept de taux d'endettement optimal et démontrent qu'il est ambigu » (Djelhi Yahot, 2019). Nous démontrerons, ici, pour notre part, qu'il peut même être nocif, voire dangereux pour les économies africaines, en les empêchant d'avoir accès à davantage de sources de financements extérieurs.

Ainsi, Barro (1979) préconise qu'un niveau soutenable de l'épargne de précaution détermine le niveau optimal de d'endettement. Lucas et Stokey (1983) soutiennent que « la dette varie autour d'une valeur stationnaire qui est une fonction monétaire de la dette initiale » quand Crettez (2003) argumente que l'endettement public acceptable est celui qui reste compatible avec un fonctionnement effectif de l'économie.

Bachellerie (2005), lui, parie sur la stabilisation pour prévenir une crise de dette souveraine quand la dette publique d'un pays augmente sur plusieurs années. À cet effet, il détermine l'excédent budgétaire primaire nécessaire à la stabilisation du ratio dette / PIB et « la différence avec l'excédent primaire réalisé correspond à l'écart sur l'ajustement budgétaire. ». Si ce dernier est positif, la dette doit être considérée comme insoutenable. Le taux d'imposition requis pour assurer la stabilisation du ratio dette/PIB, et un écart entre le taux d'équilibre et le taux d'imposition effectif implique que la dette est insoutenable.

Alfaro, Laura et Fabio, et Kunzuk (2006) traitent l'optimalité de la dette en raisonnant en termes de court et long termes pour les pays émergeants(Brésil) et les pays développés (USA). Ils calculent alors l'amortissement de la dette sur la période de remboursement et montrent que les avantages de transfert de fonds (grâce à la dette) sont anéantis par les taux d'intérêts généralement élevés. Ils en tirent la conclusion que la soutenabilité de la dette est fonction de la maturité de l'économie considérée. Ainsi, ils soutiennent que, dans les petites économies, la dette à court terme est plus soutenable et associée à un niveau de bien-être bien plus élevé que la dette à long terme.

Nasser A. Tanimoune et J. L. Combes (2005), eux, cherchent à déterminer l'effet de la politique budgétaire, sur l'activité économique, apprécié à travers l'output-gap (l'écart entre PIB et PIB potentiel) en prenant en compte les effets non linéaires de la politique budgétaire. Puis, ils testent l'existence de différents régimes budgétaires soumis (contraints) au taux d'endettement public et aboutissent aux conclusions suivantes :

- pour un niveau d'endettement inférieur à un seuil, le régime est keynésien, c'est-à-dire une contraction budgétaire conduit l'économie à une récession ;

- pour un taux d'endettement supérieur au seuil, le régime est anti-keynésien (contraction budgétaire neutre ou favorable à activité économique).

Sur la période 1986-2002, les deux économistes ont déterminé un seuil d'endettement de 83% de l'effort budgétaire sur l'output – gap, dans les pays de l'UEMOA.

### 1.2. Les limites du taux d'endettement optimum de 70%

En réalité, le seul du niveau d'endettement ne peut permettre d'apprécier la solvabilité d'un pays (nous le verrons plus loin, dans le livre). Mais, les pays de l'ex - UEMOA se sont cramponnés à ce critère pour le fixer à 70 %.

En fixant le taux d'endettement à 70 %, on prive les pays africains de l'ex-UEMOA de bénéficier davantage de sources de financement extérieur sans prendre en compte leur capacité de remboursement, critère plus rationnel ; par comparaison, sur la période 2010 - 2016, le taux d'endettement est nettement plus élevé aux États-Unis d'Amérique variant entre 94,2 % et 106,2 % du PIB, en France avec un taux passant de 81,6 % à 96 % du PIB et au Japon avec des proportions hors norme de 215,82 % à 246,6 % du PIB (cf. tableau n° 6, ci-après).

Tableau n° 6 : taux d'endettement des États-Unis, de la France et du Japon en % du PIB de 2010 à 2016

| Années | 2010 | 2011 | 2012 | 2013 | 2014 | 2015 | 2016 |
|---|---|---|---|---|---|---|---|
| USA | 94,2 | 98,7 | 103,6 | 104,5 | 103 | 106,52 | 106,2 |
| FRANCE | 81,6 | 85 ,2 | 89,5 | 92,3 | 94,9 | 95,6 | 96 |
| JAPON | 215,82 | 229,71 | 236,65 | 242,82 | 246,17 | 245,90 | 246,6 |

Source : FMI

Les taux d'endettement public vertigineux du Japon ne posent pourtant aucun problème particulier, puisqu'ils n'exposent pas le pays au risque de défaut de paiement. L'explication réside dans la structure de la dette nippone qui est détenue très majoritairement (environ 80 %) par les japonais eux-mêmes : par exemple, en septembre 2016, selon le ministère des Finances japonais, cette dette était détenue dans les proportions suivantes :

- 36,7 % par la Banque du Japon ;

- 24,7 % par les institutions financières du Japon ;

- 21,8 % par les assureurs locaux ;

- 6,7 % par les étrangers ;

- 10,1 % par les fonds de pension publics et privés, les ménages et autres.

Contrairement en France où la part des créanciers étrangers représente environ 60 % de l'encours de la dette publique, elle fait 6,7 % au Japon. En conséquence, le pays est à l'abri d'un scénario catastrophe où les investisseurs étrangers, inquiets de la capacité de rembourser de l'État, fuiraient pour placer leur argent dans d'autres pays. De même, comme l'économie nipponne tourne correctement, il n'y a pas de raison que l'État ne puisse pas faire face à ses obligations vis-à-vis des créanciers internes. De plus, le remboursement de la dette publique japonaise est réinjecté, dans une très large proportion, dans l'économie nationale. Même l'hypothèse irréaliste et invraisemblable d'incapacité de rembourser la dette extérieure japonaise ne porterait que sur la portion infime de 6,7%, et une baisse ou une suspension des sources de la dette extérieure ne causeraient pas grand dommage à l'économie interne.

L'exemple du Japon montre bien que plafonner à 70 % le taux d'endettement des pays de l'ex-UEMOA, sans tenir compte de leur capacité individuelle de remboursement et de la structure de la dette de chaque pays, peut être préjudiciable aux pays-membres qui ne courent aucun risque de défaut au-delà de ce niveau d'endettement.

Or, maintenir le taux en dessous de la capacité d'endettement d'un pays, c'est y maintenir à la fois un état de sous-emploi des facteurs de production et y réduire les effets des multiplicateurs keynésiens et du crédit.

L'autre leçon que l'on peut tirer du cas du Japon, c'est qu'à partir du moment où la quasi-totalité des créanciers du pays sont nationaux, il n'y a pas de grande « fuite » de capitaux sous forme de rapatriement de capitaux à l'étranger au titre du paiement du service de la dette. Mais, le mécanisme est différent en ce qui concerne la plupart des pays en développement dont une large proportion de la dette est d'origine extérieure. Dans ce cas, ce n'est plus tellement le niveau du taux d'endettement acceptable qu'il faut considérer, mais, le ratio de la dette extérieure, c'est-à-dire le ratio dette extérieure / PIB et le montant du service de la dette extérieure. En effet, quand on sait qu'à un taux d'intérêt de 5 %, le capital initial prêté double tous les quatorze ans, il parait plus rationnel d'éviter autant que possible, une proportion importante du capital étranger dans la structure de l'endettement des pays, particulièrement ceux en développement. Autrement, on hypothèque dangereusement le bien-être des générations futures.

Les effets négatifs de la dette extérieure sur l'économie nationale sont relevés par plusieurs économistes.

Fry (1989) explique» qu'en situation de répression financière, l'accumulation de la dette extérieure réduit l'investissement interne ». L'accumulation de la dette extérieure d'un pays peut également décourager l'investissement interne puisqu'elle implique une augmentation éventuelle d'impôts pour faire face au remboursement futur.

Anne Krueger (1987) relève que « quand les montants du service de la dette sont élevés, les ressources publiques croissantes en vue de faire face aux obligations pourraient dissiper les incitations à investir et réduire les ressources disponibles pour le secteur privé ».

Pour Aeton (1987), en cas d'accumulation de la dette extérieure, les ménages redoutant et anticipant des charges fiscales plus élevées, en vue du paiement du service de la dette, auraient une forte tendance à transférer leurs encaisses à l'étranger.

Au début du $19^{ième}$ siècle, Ricardo (1810) avait déjà prédit une telle situation « pour le contribuable tenté de « se déplacer ou déplacer son capital dans un autre pays où il pourrait être exempté de pareilles charges, puisque la tentation devient irrésistible et dépasse la résistance naturelle de chaque individu pour ne pas quitter son pays »

Fry (1989) assure que les épargnants nationaux pourraient considérer l'accumulation de la dette extérieure comme un motif de stimulation de l'État à encourager les exportations. Ce qui entrainerait une dépréciation du taux de change réel. La conséquence, c'est que le rendement des avoirs détenus à l'étranger serait plus élevé que le rendement des encaisses détenues au niveau national ; ceci provoquerait une fuite des capitaux, qui, quelle que sa forme, réduit l'épargne nationale.

En matière d'endettement, ce qui compte donc, c'est à la fois la capacité de remboursement du pays, la structure de l'endettement, et de nombreux autres facteurs (cf. paragraphes suivants), et non uniquement le taux d'endettement : tant qu'un pays est en mesure de rembourser ses dettes, il peut s'endetter. En ce qui concerne la structure de la dette, elle doit comporter une proportion de dette interne plus importante.

Avec ses taux d'endettement vertigineux (cf. tableau n° 6), le Japon est demeuré, pendant de nombreuses décennies, et ce jusqu'en 2015, la seconde économie du monde, en termes de PIB, derrière l'économie américaine, avant de décaler d'un rang au profit de la Chine en 2016. Malgré leurs taux d'endettement élevés, par exemple, sur la période 2010-2016 (cf. Tableau n° 6), les États – Unis d'Amérique réalisent les meilleures performances économiques depuis un quart de siècle, avec un taux de croissance économique variant entre 2,86 % et 4,56 %, un taux de chômage au voisinage du plein – emploi (entre 3% et 5 %) et un taux d'inflation bas se situant entre 1,58 % et 2,63 %.

Ainsi, le taux d'endettement élevé n'a pas d'impact véritablement négatif sur l'économie américaine. À cela, trois principales explications : la composition de la dette fédérale américaine, l'importance de l'investissement américain à l'étranger et le différentiel de taux d'intérêt sur retour sur investissement.

En effet, la dette publique fédérale américaine (qui n'inclut pas les dettes des États et des collectivités locales), est constituée de la dette détenue par le public et est :

- soit placée sur le marché, c'est la dette de marché, c'est-à-dire les bons du Trésor américain destinés au public, sous forme d'obligations à long terme (Treasury bond), d'obligations à moyen terme (Treasury note) et d'obligations à court terme (Treasury bill) ;

- soit rachetée par la FED (la banque centrale fédérale américaine) qui détient environ 20 % de la dette publique fédérale américaine.

L'autre partie de cette dette publique américaine (47% - 50% selon l'année) est détenue par les étrangers dont la moitié (25%) revient aux créanciers chinois, 20% au japonais, 7% aux britanniques etc.

Le taux d'endettement élevé ne pose pas de véritable problème aux Etats – Unis parce qu'une bonne moitié de la dette est détenue par les créanciers nationaux, ce qui réduit considérablement la probabilité de risque de défaut vis - à - vis de l'extérieur. Les bons du Trésor américain inspirent confiance aux créanciers, surtout nationaux, du fait de la solidité et des performances remarquables de l'économie américaine qui, naturellement, mettent le pays également à l'abri du défaut de paiement envers les créanciers nationaux. Ces bons étant négociables, leurs détenteurs peuvent les céder à tout moment.

La seconde explication de l'effet pratiquement nul « du surendettement » des États-Unis sur leur économie, se trouve dans deux facteurs :

- le flux très important d'investissements américains à l'étranger qui compense largement le volume de l'endettement extérieur ;

- l'afflux important sous forme de rapatriement de dividendes, dans l'économie américaine.

La troisième explication, c'est le différentiel entre le taux d'intérêt plus élevé (du marché) sur les investissements américains à l'étranger et le taux d'intérêt plus bas rémunérant les bons du Trésor américain ;

Paul Krugman (2012), dans un article intitulé, « *Nobody understands debt* », publié dans le *New York Time* du 4 février 2012, traduit bien la situation favorable à l'économie américaine : «  It is true that foreigners now hold large claims on the United States, including a fair amount of government debt.. However, every dollar's worth of foreign claims on America is matched by 89 cents' worth of U.S. claims on foreigners. And because foreigners tend to put their U.S. investments into safe, low-yield – assets, America actually earns more from its assets abroad than it pays to foreign investors ».

Comme on peut le constater, aussi bien dans l'économie américaine que dans l'économie nipponne, ce qu'il faut prendre en compte, en matière d'endettement, c'est moins le taux d'endettement que la structure de la dette (parts des dettes externes et internes par rapport à celle de la dette totale), le gain en termes de dividendes procurés par les investissements directs à l'étranger (éventuellement), le différentiel de taux d'intérêt sur investissements à l'étranger et investissements étrangers et bien d'autres facteurs (cf. paragraphes suivants). Effectivement, Sims (2001) indique que la moitié des défauts de paiement, entre 1970 et 2001, ont eu lieu dans les régions du monde où le ratio de la dette (dette / PIB) ne dépasse pas 60%. Ce qui suppose que retenir, dans le cadre de l'ex-UEMOA, comme niveau maximal, 70% de taux d'endettement, ne met pas nécessairement les pays – membres, à l'abri d'une crise de d'endettement.

On peut considérer peut-être que la structure des économies nippone et américaine constitue un rempart contre les effets négatifs du taux d'endettement élevé ; or, on ne retrouve pratiquement pas une telle structure, dans les économies des autres pays. Mais, beaucoup d'autres pays, développés ou sous-développés, ont également un taux d'endettement élevé, nettement au-dessus du taux – plafond de 70%.

En 2017, sur les 19 pays les plus endettés au monde, 11 sont des pays développés. Il s'agit notamment, du Canada, de l'Irlande, de la France, de l'Espagne, de la Belgique, du Portugal, de l'Italie, de la Grèce et du Japon. Tous ont un taux d'endettement, variant entre 91,1% (Canada) et 248,1% (Japon), nettement au-dessus du taux maximum traditionnel de 70%. C'est la preuve, encore une fois de plus, que le taux d'endettement élevé n'est forcément pas un facteur qui impacte négativement le développement économique ; ce qui confirme, en réalité, son rôle de facteur contributif au développement économique parce que source de financement alternative ou complémentaire de l'économie domestique dans un pays ; si tel n'était pas le cas, les États dans les pays développés n'auraient pas eu besoin de recourir à l'endettement, d'autant plus qu'ils disposent de suffisamment de ressources fiscales et / ou d'autres ressources propres sans coût, alors que l'endettement implique des paiements d'intérêts, en plus du remboursement du capital emprunté.

Tableau n° 7 : les 19 pays les plus endettés du monde en 2017

| **Pays** | **Dette/PIB** |
|---|---|
| Canada | 91,5 |
| Gambie | 91,6 |
| Jordanie | 91,7 |
| Irlande | 95,2 |
| France | 96,8 |
| Singapour | 98,2 |
| Espagne | 99 |
| Barbade | 103 |
| Etats-Unis | 105,8 |
| Belgique | 106,3 |
| Chypre | 108,7 |
| Bhoutan | 115,7 |
| Cap Vert | 119,3 |
| Jamaïque | 124,3 |
| Portugal | 128,8 |
| Italie | 132,6 |
| Liban | 139,2 |
| Grèce | 178,4 |
| Japon | 248,1 |

Source : FMI/Banque Mondiale

Le tableau n° 7 présentant les pays les plus endettés du monde et les tableaux n° 9, 10 et 11, relatifs, respectivement, à l'endettement des pays en développement, des pays à revenu intermédiaire et à faible revenu ci-après, nous en donnent une idée.

Le tableau n° 8 montre que la dette extérieure des pays pauvres à faible revenu s'est considérablement accrue entre 2010 et 2018. D'un montant de 82.016, 7 milliards de dollars américains, elle a atteint 150.280 milliards de dollars américains, avec un taux d'augmentation de 83, 23%. Le PIB a connu sur la même période, un taux de croissance de 63,27%.

Globalement, on tire la conclusion que les pays en développement endettés ont réalisé des taux de croissance positifs malgré l'augmentation continue de l'endettement extérieur de leurs économies respectives.

En qui concerne spécifiquement les pays africains, le tableau n° 9 indique bien qu'ils ont réalisé des taux de croissance positifs, parfois élevés ou même exceptionnels.

Tableau n° 8: dette extérieure des pays pauvres à faible revenu

| Années | 2010 | 2011 | 2012 | 2013 | 2014 | 2015 | 2016 | 2017 | 2018 |
|---|---|---|---|---|---|---|---|---|---|
| Dette ext. | 82.016,7 | 85.423,1 | 91.566,4 | 108.078,5 | 117.211 | 124.258,1 | 29.959, | 144.758,7 | 150.280 |
| Exp/D .ext. | 94,4 | 83,5 | 85,4 | 94,2 | 99,3 | 129,7 | 134,1 | | |
| D. ext/PIB | 24,8 | 23 | 22,2 | 24,2 | 24,4 | 26,1 | 27,7 | | |
| PIB ou RNB | 331.285,3 | 370.795,1 | 412.180,7 | 447.460,1 | 480.910,6 | 476.625,4 | 468.792 | 499.768;6 | 540.908 |

**Source : Banque Mondiale**

Tableau n° 9 : taux de croissance du PIB (en %) en Afrique

| | **2004-2008** | **2009** | **2010** | **2011** | **2012** | **2013** | **2014** | **2015** | **2016** |
|---|---|---|---|---|---|---|---|---|---|
| **Zone CFA** | **6,5** | **3,4** | **5,8** | **3,5** | **6,4** | **5,7** | **5,9** | **4,9** | **4,9** |
| **CEMAC** | **9,8** | **4,4** | **7,3** | **6,3** | **6,0** | **5,7** | **5,1** | **2,9** | **3,2** |
| **UEMOA** | **3,6** | **2,6** | **4,6** | **1,0** | **6,7** | **5,8** | **6,6** | **6,5** | **6,2** |
| **COMESA** | **6,2** | **5,6** | **7,9** | **7,1** | **5,9** | **6,2** | **6,5** | **6,0** | **4,6** |
| **CAE** | **6,2** | **5,2** | **7,4** | **6,9** | **4,6** | **5,8** | **5;9** | **5,8** | **6,1** |
| **CEDEAO** | **4,4** | **3,1** | **5,4** | **4,9** | **6,3** | **7,8** | **6,8** | **3,8** | **3,6** |
| **SADC** | **6,3** | **1,2** | **4,8** | **5,0** | **3,8** | **4,7** | **3,9** | **2,6** | **2,2** |

Source : FMI (perspectives économiques régionales, avril 2016)

Tableau n° 10 : la dette extérieure des pays en développement

| années | Dette ext. | Export/dette ext. | Dette ext./PIB | PIB (RNB) |
|---|---|---|---|---|
| 2010 | 4.414.185,5 | 82,1 | 22,3 | 19.775.604,2 |
| 2011 | 5.177.936,8 | 78,1 | 22,2 | 23.350.538 |
| 2012 | 5.730.269,1 | 82,5 | 23 | 24.936.826,4 |
| 2013 | 6.507.997,1 | 90,8 | 24,7 | 26.381.751,5 |
| 2014 | 6.939.860,4 | 95,1 | 25,2 | 27.556.940,6 |
| 2015 | 6.454.665,2 | 99,6 | 24,6 | 26.218.714, 6 |
| 2016 | 6.725.177,5 | 108,6 | 25,5 | 26.344.580,5 |
| 2017 | 7.426.793,1 | 105 | 25,7 | 28.889.180,1 |
| 2018 | 7.819.036,6 | 100,8 | 27,5 | 30.564.926,5 |

Source : Banque Mondiale

Sur le tableau n° 10 ci-dessus, on constate la nette augmentation de la dette de l'ensemble des pays en développement qui passe de 4.414.185,5 millions de dollars américains à 7.819.036,6 millions de dollars américains, soit un taux d'accroissement de 54,5%. La dette de ces pays a plus que doublé sur une période de neuf ans.

Dans le même temps, le revenu national de ces pays est passé de 19.775.604.2 millions de dollars américains à 30.564.926,5%, soit un taux de progression de 54,5%.

Tableau n° 11 :la dette extérieure des pays à revenu intermédiaire

| Année | Dette extérieure | Export/ Dette Ext. En% | Dette Ext./ PIB (RNB) en % | PIB (RNB) |
|---|---|---|---|---|
| 2010 | 4.332.168,8 | 81,9 | 22,3 | 19.442.124,3 |
| 2011 | 5.092.513,7 | 78 | 22,2 | 22.973.486,9 |
| 2012 | 5.638.702,7 | 82,4 | 23 | 24.520.990,2 |
| 2013 | 6.399,918,6 | 90,8 | 24,7 | 25.932.563 |
| 2014 | 6.822.649,4 | 96 | 25,2 | 27.075.547,2 |
| 2015 | 6.330397,1 | 89,1 | 24,6 | 25.745.584,7 |
| 2016 | 6.595.217,7 | 107,9 | 25,5 | 25.877.705,7 |
| 2017 | 7.282.034,4 | 104,8 | 25,7 | 28.399.259;7 |
| 2018 | 7.668.756,6 | 100,4 | 25,5 | 30.025.602,8 |

Source : Banque Mondiale

Le tableau n° 11 montre que, sur la même période, la dette extérieure des pays à revenu intermédiaire, s'est, elle aussi accrue de 4.332.168.8 à 7.668.756,6 millions de dollars américains, soit une augmentation de 77%. Leur revenu national global est passé de 19.442.124,3 à 30025.602,8 millions de dollars américains, soit un taux de croissance de 77%.

En conséquence, considérer principalement le taux d'endettement comme facteur de risque de défaut d'un pays n'est donc pas toujours fondé tant du point de vue empirique que théorique, même si Giavazzi et Pagano (1990) et Detragiache (1996) considèrent le service de la dette et les problèmes de liquidité comme principaux facteurs du déclenchement de la crise de la dette.

Un peu plus d'une décennie auparavant, Krugman (1979) affirmait que « ce sont les mauvaises politiques économiques gouvernementales qui sont à l'origine des crises de la dette ». Ainsi, il semble récuser l'idée d'un rôle quelconque du taux d'endettement élevé dans le développement des crises de dette. Il n'est donc pas évident que le taux d'endettement élevé ait joué un véritable rôle dans le déclenchement de la crise de l'endettement des années 1980 -1990.

Reinhart, Rogoff et Savastano (2003) eux, soutiennent - dans le modèle RRS - tiré de la première lettre de leurs noms - que c'est le facteur historique qui joue un rôle fondamental dans la vulnérabilité en matière de crise d'endettement d'un pays et le conduit à une situation de défaut de paiement. À cet égard, ils ont introduit, dans l'analyse, « le concept de l'intolérance de la dette qui se manifeste par l'extrême âpreté à laquelle sont confrontés de nombreux pays émergents à des niveaux d'endettement qui sembleraient gérables selon les normes des pays développés ».

Ils considèrent que « les pays sont plus ou moins vulnérables à une crise de dette selon leurs antécédents de niveau d'inflation et de crédibilité ». Sur la période 1970-2002, ils ont relevé que 50% des pays en défaut de paiement avaient un taux d'endettement extérieur inférieur à 60% quand il était inférieur à 40% pour 19% de ces pays.

Aussi, le modèle RRS a-t-il identifié deux facteurs qui « expliquent l'intolérance de la dette (debt intolerance) d'un pays » :

- l'indice «Institutional Investor Rating (IIR) » qui donne une indication sur le risque de défaut du pays avec une valeur allant de 0 à 100 ;

- et le Ratio de la dette extérieure (dette extérieure / PIB) qui s'apprécie par rapport à son niveau supérieur ou inférieur à 35%, plus de 35 % constituant un cas potentiel de risque de défaut.

L'indice IIR et le ratio de la dette extérieure constituent, selon ces auteurs, les éléments de mesure « du niveau de l'intolérance de la dette d'un pays ».

Alors, les trois économistes ont, dans leur étude de 2003, calculé d'abord la moyenne (the mean) et l'écart-type (the standard deviation) du IIR de 53 pays industriels et en développement sur la période 1979-2002 ; puis ils ont utilisé ces statistiques pour classer un plus grand nombre de pays (soit 62) en trois groupes, en fonction de leurs niveaux d'intolérance de dette. Ceci leur a permis de déterminer, selon leurs propres termes, « le club des pays endettés et les régions de vulnérabilité ».

Les pays du premier groupe (club A) présentent un risque de défaut faible avec l'indice IIR $> 67,7\%$ et un ratio de dette extérieure (dette extérieure / PIB) $< 35$, ce qui veut dire qu'ils ont toujours la possibilité d'avoir recours au marché international.

Le troisième groupe de pays (Club C), ayant un IIR $<$ 24,2 % et un ratio de dette extérieure $> 35$, présentent, par conséquent, un risque de défaut élevé ne leur permettant pas d'accéder au marché international.

Le deuxième groupe de pays (club B) est réparti en quatre sous-groupes dans des régions nettement plus risquées, avec une intolérance de dette plus élevée ($24,2 <$ IIR $< 45,9$ et le ratio dette externe / PIB $> 35\ \%$). Ces pays sont susceptibles de défaut de paiement et peuvent se retrouver dans le troisième groupe.

Pour Reinhart, Rogoff et Savastano (2003), le seuil d'intolérance de la dette est donc un indicateur d'insolvabilité (ou de solvabilité) qui permet aux bailleurs de fonds (multilatéraux, bilatéraux) et aux marchés des capitaux de mesurer le degré de risque- pays et aux pays emprunteurs (surtout les pays en développement) d'apprécier leur état de solvabilité ou d'insolvabilité. D'ailleurs, dans l'étude, ils ont déterminé, sur la période 1979-2002, les pays susceptibles de défaut de paiement et les régions à risque.

Mais, si l'on prend en compte la Critique de Lucas (1976) qui récuse les anticipations adaptatives pour préconiser les anticipations rationnelles, on est en droit de se poser des questions sur l'approche historique faite par les trois auteurs dans leur explication de l'endettement (cf. Plus loin).

On peut y ajouter d'autres facteurs tels que le degré de dollarisation, le taux d'intérêt à court terme et la structure de la maturation de la dette.

Pour d'autres économistes, « la soutenabilité de la dette publique est aussi bien fonction de la solvabilité que de la liquidité de la monnaie de transaction de la dette, qui peuvent, soit survenir indépendamment l'une de l'autre, soit survenir comme résultante de l'autre ». À cet égard, Jacquet et Sévérino (2004) « évoquent que la quasi – absence d'instruments de financement à long terme en monnaie locale, dans les pays émergents, les conduit à s'endetter à long terme en devises et à supporter un risque de change potentiellement dévastateur, en cas d'effondrement brutal de la monnaie nationale ». Et les imperfections de l'information « dans les pays en développement peuvent favoriser les phénomènes de contagion et empêcher d'établir un diagnostic fiable ». Reinhart (2002) établit une relation étroite entre la crise de la monnaie et la probabilité de défaut dans les marchés émergents.

Obstfeld(1985), Cole et Kehoe (1996, 1998, 2000), Cohen et Portes(2003), dans leurs modèles, parlent « de crises d'endettement auto-réalisatrices, c'est-à-dire une crise de confiance déclenchée par des indicateurs de fragilité du pays (faiblesse des fondamentaux et déficit primaire) qui provoque une crise de liquidité qui, à son tour, conduit à une difficulté de solvabilité ». Ils expliquent que les crises de confiance sont provoquées par le comportement des investisseurs. Ils relèvent également que le tiers des crises d'endettement enregistrées, dans les années 1990, sont principalement dues à l'existence de taux de spread trop élevé.

En matière de crise de confiance, l'agence de notation Standard and Poor's (2007) privilégie les facteurs qualitatifs tels que « les chocs de crédibilité, les anticipations auto-réalisatrices, les chocs politiques et les distorsions microéconomiques » comme facteurs principaux des crises de la dette.

À partir du modèle du comportement des investisseurs, Weber (2005) explique « l'effet boule de neige de la dette : une hausse de l'aversion au risque des investisseurs augmente les primes de risque et durcit la contrainte budgétaire de la dette souveraine, et le refinancement à des taux élevés, entraine, au cours de la période suivante, une hausse du stock de la dette susceptible de déclencher une dynamique de la dette déstabilisatrice ».

Colmant (2008), lui, parle également « de l'effet boule de neige en matière de crise d'endettement », mais provoqué par « l'existence de contraintes économiques (…) conduisant à un déficit budgétaire et à un endettement important, et ensuite, à un cercle vicieux de gestion de la dette (d'où l'effet boule de neige) ».

Oosterlinck (2005) soutient que « l'instabilité politique est un facteur déterminant dans les situations de défaillance, donc de défaut de paiement des pays comme ce fut le cas au Brésil, au Chili, en Grèce, en Espagne et en Turquie ».

Manasse, Roubini et Schimmelpfennig (2003), eux, disent que « la période des élections présidentielles accroit la probabilité, pour un pays, de rentrer dans une crise de défaut ».

De tout le développement qui précède, tant du point de vue théorique qu'empirique, le taux d'endettement maximum de 70 % du PIB, imposé dans les pays de l'ex-UEMOA, ne peut être véritablement retenu comme principal critère de l'endettement. Il ne peut pas donc être applicable dans tous ses pays membres dont l'état des économies, la structure de la dette, la solidité (ou la fragilité) des fondamentaux, la crédibilité etc. diffèrent d'un pays à l'autre. Ainsi, le taux d'endettement est loin d'être le seul véritable facteur à l'origine des crises de la dette – s'il en est un – dans la mesure où beaucoup d'autres facteurs déterminants des crises d'endettement des pays ont été identifiés par la théorie économique et confirmés par les données empiriques.

### 1.3. L'endettement n'est pas un frein au financement extérieur

Pendant la grave crise de l'endettement international, dans les années 1980 et 1990, les pays surendettés ont continué de bénéficier de financements extérieurs ; ce qui semble un paradoxe, puisque les créanciers continuaient d'accorder des crédits à des pays débiteurs dans l'incapacité de rembourser les dettes contractées antérieurement. Il faut donc relativiser l'impact négatif de l'accumulation de la dette extérieure sur les sources de financement externes d'un pays. En effet, William Cline (1984) en donne, mathématiquement, l'explication économique (cf., plus bas) ; il nuance les effets de l'accumulation de la dette extérieure sur les sources de financement bancaire privées destinées aux économies des pays endettés : les phénomènes du « moral hazard » (aléa de moralité) et de « adverse selection » (sélection défavorable) auxquels débiteurs et créanciers ont dû faire face, pendant la grave crise de l'endettement international des années 1980 et 1990, constituent la principale explication.

En effet, les débiteurs, c'est-à-dire les pays lourdement endettés, n'osaient déclarer défaut de paiement pour éviter que cela ne conduise à fermer totalement le robinet du financement international de leurs économies en difficulté financière. Le Pérou en 1986, la Côte d'Ivoire et le Brésil en 1987, avaient seulement décidé des moratoires sur le paiement partiel ou total de leur dette extérieure. Ils craignaient « leur éviction des systèmes de crédits commerciaux à court terme qui sont essentiels à leurs échanges commerciaux avec l'extérieur ».

Dans leur modèle de répudiation, Aeton et Gersovitch (1981) expliquent bien que « les pays débiteurs craignent une double sanction de la part de leurs propres créanciers et de la communauté financière internationale tout entière »

Sur le plan intérieur, ils voulaient éviter la perte de leur crédibilité sur le marché financier interne qui pourrait provoquer une hausse du taux d'intérêt sur la dette domestique.

De leur côté, les créanciers, à travers le principe de rééchelonnement et de conversion de la dette (Plan Baker, Plan Brady, Club de Paris, Club de Londres), les divers mécanismes de réduction de la dette (Plan Brady, Termes de Torronto, Termes de Naples, PPTE), les opérations de vente et de rachat sur le marché secondaire de la dette, à partir de 1985, le provisionnement pour créances douteuses (par les banques privées), contribuaient à résoudre le problème de la dette. Mieux, les créanciers, y compris les privés, continuaient à prêter aux pays débiteurs, même lourdement endettés pour leur permettre d'éviter la répudiation ou le défaut de paiement. William Cline (1984) a expliqué la rationalité de leur comportement :

soit, $P_o$, la probabilité de défaut avant le nouveau financement ;

$P_t$, la probabilité de défaut après le nouveau financement ;

L, la valeur monétaire du nouveau prêt ;

D, le stock d'endettement préalable au nouveau financement ;

E(B), le bénéfice anticipé ;

E(C), le coût anticipé du nouveau prêt ;

N(B), le bénéfice net du crédit additionnel.

Le bénéfice anticipé se calcule de la façon suivante :

$$E(B) = (P_o - P_1)\,D$$

Le coût anticipé du nouveau prêt est égal à =

$$E(C) = P_t\,.\,L$$

Alors, le bénéfice net du crédit additionnel, exprimé en pourcentage, s'écrit comme suit :

$$N(B) = E(B) - E(C) = P_o - P_t(1 + L / D) \times 100$$

Ainsi, l'intérêt pour les créanciers à accorder un nouveau crédit est fonction de la probabilité de défaut avant et après accord pour celui-ci et de la dette existante.

Si $P_o$ est élevé et L/ D est faible, le système bancaire (créancier) sera d'autant plus incité à injecter d'argent frais dans l'économie donc à accorder davantage de crédit que $P_t$ sera moindre.

En conséquence, la situation de surendettement d'un pays ne conduit pas nécessairement au tarissement du financement extérieur de son économie. L'exemple, c'est le cas de la crise mexicaine de 1982, quand les banques créancières continuèrent d'accorder de nouveaux prêts au pays, malgré son endettement déjà très élevé parce que, justement, même si $P_o$ (la probabilité de défaut de paiement avant le nouveau financement) était élevé, $P_t$ ( la probabilité de défaut de paiement après le nouveau financement) était faible et L / D ( le rapport valeur du nouveau crédit sur stock de la dette avant le nouveau crédit) était très faible puisqu'il ne représentait que 7% du total de sa dette.

### 1.4. L'irrationalité du taux Dette / PIB

Nous avons expliqué, d'une part, que les différents programmes, mécanismes et stratégies pour résoudre la crise de l'endettement international jusqu'ici, sont restés inefficaces pour n'avoir pris en compte que des variables exogènes, et d'autre part, que le taux d'endettement traditionnel maximum de 70 du PIB n'est pas, en réalité, un indicateur fiable de l'état de solvabilité d'un pays. Pire, le taux d'endettement traditionnel

$$t_d = D / PIB \qquad (1)$$

lui-même est erroné, du point de vue conceptuel. En effet, tel que formulé, il suppose que le remboursement de la dette est fait, à partir du PIB. Ce qui n'est pas exact ; l'État rembourse sa dette à partir de son budget qui est – certes - une partie du PIB collectée de force par lui-même, mais une proportion infime du PIB qui est très largement créé par le secteur privé. Ainsi, un pays s'endette et rembourse des dettes en fonction de son budget et non de son PIB. Par conséquent, en matière de dette, la solvabilité d'un pays se mesure par rapport à son budget, pas par rapport à son PIB, comme nous le démontrons dans le paragraphe ci-après.

### 1.5. Un nouveau concept du taux d'endettement

Dans ce paragraphe, nous avons donc cherché à introduire une nouvelle approche, pour la détermination de la solvabilité des pays endettés, qui intègre des variables explicatives endogènes au système : c'est le mécanisme de rentabilisation de la dette.

Si nous partons du mode de détermination du budget et du Produit Intérieur Brut (PIB), la formule de l'équation (1), ci-dessus, qui traduit le taux de solvabilité traditionnel d'un pays, s'avère inexacte ; Alors, cherchons un taux de solvabilité plus adéquat.

Soit

VA= valeur ajoutée

PIB = produit intérieur Brut = Y

$t$ = taux d'imposition

$B$ = budget de l'État

$R_P$ = revenu disponible du privé

$t_d$ = taux d'endettement traditionnel

$t_{de}$ = taux d'endettement de l'État

Par définition

$$PIB = \sum VA = Y$$

$$Y = B + R_p$$

Le budget de l'État étant une portion du PIB collectée de force par l'État, à travers l'application du taux d'imposition t,

$$B = t.Y$$

Par conséquent, le revenu disponible du secteur privé est égal à

$$R_p = Y - B$$

$$R_p = Y - t.Y = (1 - t)Y \qquad (2)$$

C'est-à-dire la partie du PIB non captée par l'État ; c'est la fraction du PIB qui n'entre donc pas dans le budget de l'État. Elle reste disponible uniquement pour les agents économiques privés : c'est leur part de PIB, puisque

$$Y = B + R_p$$

Selon la variation de t, le revenu disponible du secteur privé $R_p$, augmente ou baisse, décourageant ou stimulant l'investissement. Mais, la courbe de Laffer permet de déterminer le niveau optimal de t, donc de calculer le niveau optimal du budget étatique si l'on fait l'hypothèse que le budget de l'État est essentiellement constitué de ressources fiscales.

Or, seul le budget de l'État est et peut être alloué aux dépenses publiques ; Aussi, l'État affecte - t - il une partie de

$$t\,Y$$

aux paiements de ses dettes. Pour mesurer ou apprécier ses capacités de paiement ou sa solvabilité, on ne peut prendre en compte que le budget étatique ; les pays, dans la réalité, s'endettent, non pas en fonction de leur PIB (ou RNB), mais de leurs ressources disponibles, c'est-à-dire de leurs ressources budgétaires, sans tenir compte de l'autre portion du PIB, propriété du secteur privé. Ainsi, la capacité de l'État à rembourser sa dette D dépend bien de t.Y.

Par conséquent, le taux d'endettement de l'État, c'est plutôt le ratio Dette / Budget, soit

$$t_{de} = D / t\,.Y \qquad (3)$$

Ce taux représente les capacités réelles de l'État à faire face ou non à ses dépenses dont ses créances contractées. Évidemment, B (ou t Y) est toujours inférieur à $R_p$, c'est-à-dire (1-t) Y, on a

$$D/\,t\,Y > D\,/\,Y \qquad (4)$$

La capacité d'endettement est sous- évaluée lorsque l'on utilise le taux d'endettement traditionnel D/ Y (ou D / PIB) pour l'apprécier dans la mesure où le PIB est toujours supérieur à t.Y, le budget de l'État, soit

$$PIB > t.Y$$

Ceci explique, sans doute, pourquoi, le taux d'endettement traditionnel

$$D / PIB$$

n'est pas un indicateur fiable de solvabilité d'un pays.

Autre explication, le PIB étant majoritairement créé par le secteur privé, l'incapacité de l'État à honorer sa dette extérieure n'impacte pas directement le revenu disponible $R_p$, du secteur privé. C'est une des explications possibles de la bonne santé économique des pays dont les taux d'endettement traditionnels erronés (D/ PIB) sont élevés.

## II. LA NOUVELLE APPROCHE : LE RENDEMENT OPTIMAL DE LA DETTE

### 2.1. La rentabilisation de la dette

Toutes les propositions de solutions, jusqu'ici, n'ont pas permis de résoudre entièrement le problème de l'endettement international parce qu'elles sont basées, le plus souvent, sur des variables explicatives exogènes. Or, le rendement de l'allocation de la dette contractée est l'élément essentiel dans le mécanisme de rentabilisation de l'endettement ; ainsi, pour rentabiliser la dette contractée, il faut absolument en faire une allocation optimale, c'est-à-dire, l'investir dans un projet rentable qui s'auto-rembourse complètement, sans requérir d'autres ressources financières exogènes audit projet.

Soit

k, le capital emprunté au taux d'intérêt débiteur i

r, le taux de rendement du projet auquel le capital emprunté est alloué

i, le taux d'intérêt débiteur servi sur la dette

$d_o$, le dette contractée

$d_1 = k + i$, le service de la dette contractée

$d_2 = k + r$, revenu procuré par la dette contractée et réinvestie

Alors,

$$f(d_1) = f(k, i)$$

$$f(d_2) = f'(k, ,r)$$

Pour que la dette soit rentable pour les deux parties - débiteur et créancier - il va falloir maximiser, à la fois, les opérations de contractualisation et d'allocation de cette dette tant du côté du créancier que du côté du débiteur.

Du côté du créancier, la maximisation du prêt suppose :

$$\text{Max}f(d_1) = \max f(k, i) = f''(k, i) = f''(k) + f''(i) = 0$$

$$\text{et } f''(k, i) < 0$$

Mais, $f'(k) + f'(i) = f'(i)$, car $f'(k) = 0$, parce que k est une constante dans la mesure où le montant du capital prêté (k) ne varie pas.

Donc, maximiser l'opération de prêt, pour le créancier, revient à maximiser la fonction f(i) pour déterminer le niveau du taux d'intérêt débiteur i rentable qui sera également utile, du côté du débiteur.

Du côté du pays débiteur qui emprunte, il va falloir également faire une allocation optimale en finançant un projet rentable. Il s'agit donc de maximiser la fonction d'allocation

$d_2 = f(k, r)$, c'est-à-dire

$$\text{Max}\ (d_2) = \max\ (k, r) = f'(k, r) = f'(k) + f'(r) = 0$$

$$\text{et } f''(k, r) < 0$$

Or, $f'(k) = 0$, donc $f'(k, r) = f'(r)$, k étant constant

Donc, $\text{Max}\ f(k, r) = f'(r) = 0$ et $f''(r) < 0$

Ceci revient à dire que maximiser l'opération d'allocation de la dette implique la détermination du niveau optimal de r, en égalant la dérivée première à zéro, et la dérivée seconde inférieure à zéro.

Pour le pays débiteur, la double opération n'est rentable que si, au bout de l'acquisition et de l'allocation, l'endettement s'auto-rembourse, en d'autres termes, si le niveau optimal de $r_{max}$ est supérieur au niveau optimal de $i_{max}$, c'est-à-dire

$$r_{max} > i_{max}$$

$i_{max}$ et $r_{max}$ étant le taux d'intérêt débiteur optimal sur la dette et le taux de rendement optimal du projet financé, respectivement.

Évidemment, le pays débiteur devra s'assurer d'un niveau de taux débiteur optimal qui soit compatible avec l'équation d'inégalité telle que posée, juste ci-dessus. Le pays créancier doit également exiger, comme condition sine qua none du prêt, son allocation à un investissement rentable dont le taux de rendement est conforme à cette équation d'inégalité.

Si tel est le cas, toutes les autres propositions de solutions relatives à l'endettement n'ont plus de raison d'être, puisque le surendettement n'existera plus dans la mesure où la dette s'auto-remboursera toujours, quelle que soit la situation financière du pays débiteur.

On pourrait également procéder, autrement, pour déterminer la condition de rendement optimum de la dette.

Soit

$i$, le taux d'intérêt débiteur servi sur la dette

$r$, le taux de rendement de l'investissement auquel est alloué la dette

$d_1 = k + i$, le montant du service de la dette

$d_2 = k + r$, le montant procuré par la dette investie par le pays débiteur

Si $d_2 > d_1$, alors, $k + r > k + i$, ce qui implique que $r > i$,

soit $r - i > 0$.

On pourrait encore procéder d'une autre façon :

$d_1 = k (1 + i) = k + ik$

$d_2 = k (1+r) = k + rk$

Si $d_2 > d_1$, donc $k + rk > k + ik$, implique que $rk > ik$,

Donc $r > i$, alors $r - i > 0$, qui est le différentiel de taux d'intérêt et de rendement dans la double opération.

Le différentiel de taux est donc positif dans ce cas. La double opération de contractualisation et d'allocation de la dette est, par conséquent, rentable à la fois pour le créancier qui ne court aucun risque (n'aura aucun mal à se faire rembourser), et pour le pays débiteur qui remboursera aisément la dette contractée, avec, en plus, un gain, puisque le différentiel de taux pour les deux actes est positif.

En d'autres termes, pour réaliser la condition de rendement optimum de la dette, il suffit que le taux de rendement du capital emprunté et investi soit supérieur au taux d'intérêt débiteur auquel il a été emprunté ; autrement dit, le montant du gain procuré par l'emprunt investi doit être supérieur au service de la dette.

À quelque chose près, les États-Unis d'Amérique, en organisant leur système économique et financier de manière à ce que le différentiel d'intérêt, entre le taux d'intérêt sur les investissements américains à l'étranger et le taux d'intérêt rémunérant les bons du Trésor américains, soit positif (cf. Krugman, 2012), donc profitable à leur économie, permettent la réalisation de la situation d'optimalité que nous venons de décrire. Ainsi, malgré le taux d'endettement élevé de États-Unis, (variant entre 94,2% et 106,2%, cf. tableau n° 6), l'économie américaine reste solvable et solide et réalise des performances économiques remarquables depuis bientôt 30 ans, au point de contredire la Courbe de Phillips, non seulement sur le long terme (thèse monétariste), mais aussi à court terme :

taux de croissance économique élevé (supérieur à 3% en moyenne), inflation en dessous de 2%, plein- emploi avec un taux de chômage frictionnel entre 3 % et 4 %. La situation des États-Unis, comme celle de biens d'autres pays (cf. tableaux n° 6, n° 7 et n° 12) montre bien l'ambigüité et la fragilité du concept de taux d'endettement – plafond de 70 % du PIB, comme abris (ou paravent) contre le défaut de paiement d'un pays.

Si les pays sous- développés endettés ne peuvent pas peser sur le système économique mondial pour pouvoir imposer un tel mécanisme de fonctionnement (à la façon américaine), en faveur de leurs économies nationales, ils ont, au moins, la liberté de choix entre différents taux débiteurs offerts sur le marché par les banques et autres institutions financières, et surtout, d'allouer, par la suite, les fonds empruntés au financement d'investissements (projets) rentables.

Les pays débiteurs peuvent également rentabiliser le capital emprunté en le plaçant sur le marché financier ou en bourse, à un taux d'intérêt supérieur au taux d'intérêt débiteur servi sur le capital emprunté. Il est vrai, les pays n'ont pas l'habitude de faire ces genres d'opérations ; mais, rien, sur le terrain proprement scientifique, ne l'interdit. La chine le fait en achetant les bons du Trésor américain, sur le marché. Les autres pays peuvent faire autant, à travers un service spécialisé du trésor ou une entreprise publique.

Ainsi, les pays endettés peuvent optimaliser leur endettement en se conformant à la rationalité économique qui consiste à investir les fonds empruntés, dans des investissements rentables.

### 2.2. L'interventionnisme productif des États africains

Les secteurs d'activités rentables dans une économie sont ceux où l'on produit les biens marchands. En général, les trois secteurs, primaire, secondaire et tertiaire sont encore très loin d'être saturés et demeurent rentables même si Rodrik (1999) et d'autres économistes y relèvent une certaine faiblesse relative de leur rendement par rapport à celle des économies des pays développés.

Le problème, c'est qu'au nom du libéralisme économique, les États africains, sous la pression des institutions de Bretton Woods, rechignent à intervenir dans le secteur marchand. Mieux, on privatise, à outrance, les entreprises publiques, même rentables (y compris dans des secteurs stratégiques) ; la privatisation fait partie des conditions et objectifs des programmes d'ajustements structurels du FMI, au nom de l'efficacité économique.

Mais, ceci est une façon erronée d'aborder les problèmes de développement et de l'efficacité économique dans les pays en développement en général, et dans les pays africains, en particulier, pour deux raisons :

- l'efficacité économique n'a pas été inventée par le secteur privé et n'est pas sa propriété exclusive ; les instruments pour réaliser l'efficacité économique ont été élaborés par les économistes et sont à la disposition de tous (comme nous le verrons) ;

- le problème auquel les pays en développement sont confrontés, au niveau domestique, relève plus de la présence adéquate ou non d'investisseurs privés, capables d'assurer convenablement la production des biens et services. Or, le secteur privé national est presque inexistant dans les pays en développement, surtout dans les pays africains. Ainsi, l'Afrique se trouve face, à la fois, à l'absence d'entrepreneurs nationaux et à l'insuffisance de sources de financement privé domestique.

Dans ces conditions, les États devront assurer la relève et investir, non seulement dans la production de biens publics (Samuelson,1954, Buchanan et Tullock, 1972), mais aussi dans les secteurs de production de biens marchands qui manquent énormément d'investisseurs privés. Une telle approche pourrait heurter les économistes ultralibéraux pour qui l'intervention de l'État est une distorsion grave du fonctionnement normal du système économique qui ne peut produire que des résultats désastreux. Or, la théorie économique préconise que l'État doit investir aussi, pour des raisons d'utilité sociale et collective, dans les secteurs à très faible rendement ou à rentabilité à très long terme, c'est-à-dire là où les privés n'investissent pas. Par conséquent, il apparait, économiquement, rationnel que les États africains interviennent :

- dans les secteurs à faible rendement où les investisseurs privés rechignent à investir ;

- dans les secteurs de production de biens marchands dont le rendement se fait sur un très long terme ;

- à la place du secteur privé national qui manque complètement de ressources ou qui est complètement absent.

Mais, revenons au problème de privatisation dans les économies africaines. La privatisation a fait l'objet d'une abondante littérature économique. Elle repose sur le principe « d'une plus grande l'efficacité économique de l'entreprise privée par rapport à celle de l'entreprise publique qui trouve son origine dans la non transférabilité des droits de propriété dans les entreprises publiques qui entraine un affaiblissement de l'incitation chez les gestionnaires, affectant ainsi négativement l'efficacité économique de ces entreprises. La non transférabilité limite, fortement, l'incitation du propriétaire de l'entreprise publique, l'État, à surveiller la qualité de la gestion ».

Un des inconvénients majeurs de la privatisation des entreprises publiques en Afrique, est le risque de création de monopole privé. En effet, la privatisation peut et conduit parfois à de simple passage de monopole public à un monopole privé, avec l'installation de distorsion dans le fonctionnement du marché. Même si, dans la procédure de privatisation, on prend soin de maintenir la présence de l'État avec la détention d'actions étatiques à concurrence, au moins, de la minorité de blocage de 34%, dans le capital de l'entreprise privatisée, cela ne suffit pas pour résoudre le problème. Car, l'ennui, c'est que les représentants de l'État, au Conseil d'Administration de ces sociétés, sont faibles face aux administrateurs représentant les grands groupes ou les sociétés multilatérales qui utilisent tous les moyens pour faire passer leurs positions et atteindre les objectifs, plus dans l'intérêt de leurs mandants. De surcroit, les administrateurs nationaux sont susceptibles de comportement bureaucratique.

Parfois, sous prétexte de ressources additionnelles pour l'État en difficulté financière, on a cédé des entreprises des secteurs stratégiques ou des entreprises publiques hautement rentables à des investisseurs ou entreprises privés étrangers qui, de façon générale, se sont contentés de simple jeu d'écriture, en vue du transfert de capitaux étrangers nécessaires pour l'opération de cession. Mieux ou pire, dans certains cas, ils ont même emprunté auprès de banques locales pour réaliser l'opération, sans apport de fonds extérieurs. Une telle cession aurait pu être réservée aux nationaux privés, ce qui aurait doublement eu des externalités positives : contribuer à créer progressivement une classe d'hommes d'affaires nationaux africains et éviter la fuite de capitaux, pour le compte des investisseurs étrangers, à travers les rapatriements futurs de revenus sous forme de bénéfices, de rémunérations et d'investissements divers.

Pour être efficace, la privatisation doit être combinée avec une réforme économique, car « l'objectif ultime recherché dans toute politique économique est une croissance forte à travers un gain maximal en efficacité » (Jean Claude Brou, 2008). Mais, si les réformes sont indispensables et recommandées par la théorie économique, les politiques de libéralisation ont posé beaucoup de problèmes dans les pays d'Amérique latine, au cours des années 1970 et 1980.

Il n'est donc pas toujours fondé qu'une privatisation aboutisse à une amélioration de la production du point de vue macroéconomique.

Il devient donc évident que la privatisation dans les pays africains peut ne pas donner les résultats escomptés du point de vue macroéconomique. En effet, privatiser les entreprises publiques dans les pays africains qui manquent totalement d'investisseurs et d'hommes d'affaires nationaux, c'est recourir aux investisseurs étrangers, et accentuer l'état extraverti de leurs économies ; c'est accroitre la fuite de capitaux à travers l'augmentation et le transfert du surplus extraverti de ces pays de la Périphérie vers les pays développés du Centre. Il faut donc choisir entre entreprises publiques « nationales » à rentabilité faible (que l'on peut améliorer) et entreprises privées à haute rentabilité qui rapatrient le surplus de création de richesse à l'étranger. Le choix est-il cornélien ?

Or, la libéralisation de tous les secteurs d'activité est le principe fondamental de l'économie de marché qui peut ne pas toujours donner de bons résultats.

À ce sujet, Paul Hallwood et Ronald MacDonald (2000) reconnaissent que les réformes, sur la base d'économies de marché, ne vont pas sans risques et inconvénients : In the new structuralist view (Lance Taylor, 1983 ; Van Wijbergen,1983 ; Kaohsaka,1984 ;Buffie, 1984), financial liberalisation is not neccessary desirable ».

La libéralisation du secteur financier dans les pays en développement est basée sur l'argument que les distorsions de prix et financières et économiques retardant la croissance économique, doivent être supprimées, selon les thèses de McKinnon et Shawn (1973) : « (...) because the market system should be freed to play a major role in promoting économic growth and development ».

Mais, la libéralisation financière dans les pays en développement n'a pas été un succès comme le présumaient McKinnon et Shawn (1973) parce que, entre autres, elle a manqué de prendre en compte le marché financier informel qui intervient aussi dans l'orientation des fonds vers les emprunteurs de fonds. La thèse des nouveaux structuralistes est que la dérégulation du marché officiel conduit à des taux d'intérêt créditeurs plus élevés, et ceci va détourner les dépôts du marché financier informel ; « l'approfondissement financier aura néanmoins lieu, mais, le niveau de formation de capital n'augmentera pas nécessairement, il pourrait même baisser ». En effet, dans la mesure où les banques sont soumises à des taux de réserves par rapport aux dépôts, contrairement aux prêteurs informels qui n'en observent pas, le détournement de l'épargne au détriment des banques va réduire le volume de fonds prêtables disponibles. Les effets de la libéralisation financière seront donc limités.

Par ailleurs, les relations entre taux d'épargne national et taux d'intérêt réel, d'une part, et d'autre part, entre taux d'intérêt réel et taux de croissance du PIB, selon Gonzales Arrieta (1988) remettent en cause les effets bénéfices que la libéralisation financière procure. Un taux d'intérêt créditeur réel négatif est nocif à la constitution d'épargne, donc impacte négativement les sources de financement de l'économie nationale d'un pays.

La libéralisation du commerce, dans le cadre de réforme économique, n'a pas toujours eu des effets positifs, sur les économies des pays en voie de développement, particulièrement les pays africains pour plusieurs raisons :

- en cas d'exportations nettes négatives où les importations sont supérieures aux exportations, on se retrouve face à un déficit commercial ; aussi, les exportations nettes impactent – elles négativement la production nationale(Y) à travers l'équation.

$$Y = C + I + G + X - M$$

Soit $X - M = \overline{X}$ = exportations nettes ;

si $X < M$, alors $\overline{X} < 0$

- pour les pays africains qui exportent principalement des matières premières agricoles et du sous-sol, une libéralisation totale du commerce international, avant ou sans diversification de leurs produits, par manque d'industrialisation au niveau interne, s'avère très peu bénéfique, en termes d'exportations. Par contre, la libéralisation du commerce fera inonder leurs marchés de *produits* étrangers, finis, semi-finis et d'équipement importés principalement des pays développés puisqu'ils ne peuvent protéger leurs industries embryonnaires et naissantes nationales (infant industry). Encore faut-il que ces industries nationales existent.

Ainsi, la privatisation et son corollaire, semblent avoir des effets limités dans les pays en développement, malgré la logique du marché qu'ils impliquent, non seulement à cause des imperfections du marché, mais, surtout, du niveau de développement et de la structure des économies de ces pays, en particulier, des pays africains.

D'autres études empiriques révèlent qu'un taux d'intérêt élevé provoque un effet stagflationniste, au moins, à court terme (Wijnbergen, 1982 ; Buffie, 1984 ; Karapatakis, 1992).

C'est d'ailleurs, pour cette raison que des économistes ont proposée, entre autres, que toute libéralisation se fasse graduellement, de façon ordonnée (cf. McKinnon, 1982 ; Edwards, 1984 ; Corbo et de Melo, 1987 ; Kahkonen, 1987 ; Fry,1988 ; Collier et Gunning, 1992 ; Falvey et Kim, 1992) ; l'échec de la libéralisation du secteur financier en Amérique latine confirme bien cette idée.

Des études empiriques en matière de privatisation ont conduit aux quatre postulats suivants :

- les entreprise publiques sont moins rentables que les entreprises privées ;

-l'utilisation du facteur travail, mesurée par le ratio emploi/chiffre d'affaires, est plus intensive dans les entreprises publiques ; ceci suppose qu'on y emploie plus d'agents qu'il ne faut ;

- le ratio Dette / Actifs est élevé dans les entreprises publiques ;

- la privatisation est, par conséquent, associée à une amélioration de la profitabilité (donc de l'efficacité) et à une réduction de l'intensité de l'utilisation du facteur travail.

Par conséquent, l'intervention publique dans le secteur marchand ne peut, logiquement, conduire à l'efficacité économique dans les pays africains. Dans un tel raisonnement, on semble confondre les instruments de l'efficacité et le gestionnaire. En effet, les instruments de l'efficacité économique énumérés, ci-dessus, ne sont pas des inventions du gestionnaire, mais des moyens mis à la disposition de tout gestionnaire, par des économistes, pour lui permettre d'atteindre l'efficacité requise. Tout gestionnaire ayant les qualités intrinsèques requises, atteindra l'efficacité attendue, s'il est soumis aux contrainte d'utilisation des instruments d'efficacité prédéterminés par la théorie économique.

Par conséquent, la rentabilité d'une entreprise publique ou privée, dépend, non pas de sa nature ou de l'origine publique ou privée de son capital, mais surtout des dispositions rationnelles prises pour contraindre le gestionnaire à appliquer effectivement les instruments d'efficacité économique. C'est tout le problème de la rationalisation de l'emploi des facteurs travail et capital que j'aborde dans mon livre intitulé *Croissance économique sans développement en Afrique,* publié le 19 novembre 2019, par les éditions l'Harmattan, à Paris. Car, sans cette rationalisation, l'utilisation, même efficace des autres instruments de gestion, ne saurait donner l'efficacité économique recherchée ou attendue. Ainsi, s'il est tenu aux résultats et soumis à l'application stricte des instruments d'efficacité, le gestionnaire d'entreprise publique peut très bien réaliser l'efficacité économique pour atteindre les objectifs de rentabilité assignés. Si tel n'est pas le cas, le gestionnaire de l'entreprise publique ou privée ne saurait assurer la rentabilité requise. Et la catastrophe, c'est-à-dire la faillite, n'est pas loin.

Lehman Brothers qui a été victime du cas de faillite hors norme aux États-Unis et le plus retentissant, dans le monde entier, et bien d'autres entreprises qui ont fait faillite à travers le monde, n'étaient pas des entreprises publiques ; les graves difficultés financières de la société américaine American International Group( AIG), sauvée de justesse par l'État fédéral américain, parce que débitrice de certaines des plus grosses sociétés financières et bancaires américaines(Goldman Sachs, Bank of America, Merrill Lynch) et d'une douzaine de banques européennes dont la viabilité financière était sérieusement menacée, relevait de gestion privée. Les deux entreprises américaines, Lehman Brohers et AIG semblaient pourtant symboliser l'efficacité et la réussite économique dans une économie de marché parfaitement concurrentiel. La raison de l'échec dans la gestion financière de ces deux exemples, c'est simplement la tricherie, à grande échelle et à tous les niveaux de gestion, y compris les cabinets de contrôle externe et les agences de notation, pourtant indépendantes et sociétés privées également et externes. On a triché avec la théorie en n'appliquant pas la rationalité économique, en termes d'efficacité économique au sein des deux sociétés, Lehman's Brothers et AIG. Les contrôleurs, privés et externes, ont également triché parce ce qu'ils ont accepté de se faire corrompre. Ce n'est donc pas la rationalité économique qui est en cause, mais les différents gestionnaires impliqués, à différents niveaux du fonctionnement des deux entreprises privées. Étatisées et soumises à l'application stricte de la rationalité économique, elles auraient continué à prospérer ou évité la faillite, car la rationalité économique n'est liée ni à l'origine du capital ni à la nature privée ou publique de l'entreprise. Elle conditionne absolument l'efficacité et la réussite de l'entreprise et tout gestionnaire peut s'en approprier.

Des succès d'entreprises publiques, comme Air-France, Peugeot-Citroën, RFI, France 24, TV5, RAPT etc., en France, et Amtrak, Social Security Administration, Voice Of America, FDIC, CIA, FBI, NASA, etc., aux États-Unis, et l'efficacité des aiguilleurs du ciel ou contrôleurs aériens, partout dans le monde, pourtant entités publiques, ne sont plus à démontrer.

Par conséquent, affirmer la suprématie absolue de l'entreprise privée sur l'entreprise publique, en termes d'efficacité, est infondée. Tout est une question de comportement rationnel de bonne gestion dont les instruments sont prédéterminés par la théorie économique et disponibles à tous. Il suffit simplement de vouloir en faire bon usage dans un environnement économique donné.

La théorie économique permet donc de gérer rationnellement toute entreprise pour maximiser ses résultats par la minimisation de ses coûts. Or, pour maximiser son profit, l'entreprise doit égaler son coût marginal au prix. Dans cette optique, elle doit respecter des ratios en matière de gestion financière à leur niveau optimal : indice de rentabilité, taux de rendement, ratios de structuration financière, ratios de rentabilité etc. Tant qu'une entreprise publique est en mesure de réaliser l'égalité

Coût marginal = prix

il n'y a pas lieu de la privatiser puisqu'elle remplit exactement la condition qu'elle remplirait si elle était privatisée. Publique ou privée, une telle entreprise donnera exactement les mêmes résultats(bénéfices) positifs. De tels cas sont possibles s'il est institué des contrôles internes et externes efficaces, c'est-à-dire sans comportement bureaucratique. Dans cette optique, le Conseil d'Administration de l'entreprise publique, l'organe suprême de contrôle interne, doit être composé de spécialistes de finances. Les contrôleurs externes doivent également être de grands spécialistes de finances, au comportement non bureaucratique.

Ainsi, les États africains peuvent et doivent suppléer, à la fois, la double absence d'entrepreneurs et de capitaux nationaux privés, pour allouer les fonds empruntés, de façon optimale, au financement d'investissements rentables dans les secteurs de production de biens marchands. Autant, sinon plus qu'en Occident, les opportunités d'investissement sont énormes et largement exploitables par les États en Afrique, car les économies y sont encore très loin de la saturation. Dans cette optique, les structuralistes Lance Taylor (1983) et George Stiglitz (2002, 2012) recommandent aux pays en développement « d'arrêter la politique de spécialisation, basée sur la théorie classique des avantages comparatifs, pour adopter une politique interventionniste pour promouvoir l'industrialisation de leurs économies ».

Je veux dire, ici, aux collègues néolibéraux, que l'origine de l'investissement importe peu et peut être considérée comme conforme à la rationalité économique, tant que les fonds publics sont alloués, de façon optimale, à la réalisation d'un investissement dans la production de biens marchands. Tant que les résultats d'un investissement public sont positifs au même titre que l'investissement privé, il n'y a pas, sur le terrain proprement scientifique, de raison de le récuser, sous prétexte de son origine publique.

Le respect de la rationalité économique n'est ni la propriété ni le monopole du secteur privé. Dans les exemples cités plus haut, des grosses compagnies privées, telles que Lehmann Brothers, AIG et autres, à travers le monde (Crédit Lyonnais) ont, soit fait faillite, soit été sauvées de justesse avec l'argent public, comme nous l'avons souligné ; la crise des subprimes qui a failli emporter le système financier et monétaire américain et international, en 2007 -2008, est la conséquence de mauvaise gestion d'entreprises privées et d'agents économiques privés. Le statut de privé ne garantit donc pas toujours le comportement rationnel de l'investisseur ou du gestionnaire, l'origine privée de l'investissement non plus.

Par contre, l'on observe que la Russie et la Chine sont devenues pays émergents (du groupe BRICS) alors que ces pays sont champions de l'appropriation collectiviste des moyens de production, parce que foyers d'excellence du socialisme. Mieux, la Russie est, depuis toujours, la seconde puissance nucléaire et politique du monde, après les États-Unis d'Amérique ; la Chine, elle, est devenue, depuis 2016, la seconde économie du monde en termes de PIB, donc de création de richesse, derrière les États-Unis ; elle tente même de leur ravir la première place, selon certaines publications d'institutions économiques internationales de renom. Alors, en quoi l'origine publique des investissements a- t- elle empêché ces deux pays de progresser sur le chemin du développement économique ?

Bien sûr, les deux pays auraient pu réaliser davantage de progrès économique et accélérer leur processus de développement s'ils avaient adopté le système d'économie de marché. Mais, leur réussite relative, par rapport à beaucoup de pays non socialistes, est la preuve que la rationalité économique est universelle et que, ce faisant, elle peut s'appliquer partout, pourvu que le décideur veuille en faire usage. D'ailleurs, les pas de géant de la Chine, sur le chemin du développement, relance, de nos jours, le débat sur la corrélation entre démocratie et croissance économique chez les économistes. Après avoir été rouge (avec Kantorovich, le soviétique prix Nobel d'Économie en 1975 et un des précurseurs de la programmation linéaire), la rationalité économique serait-t-elle en passe de devenir aussi jaune ?

L'investissement public, réalisé sur la base de rationalité économique, est tout aussi rentable que l'investissement privé ; l'endettement international peut donc être réinvesti dans les secteurs productifs rentables par les pays africains. C'est simplement une question de volonté de faire une allocation rationnelle.

Dans notre entendement, si l'optimalisation de l'endettement est respectée, elle met alors fin - du moins, pour l'instant - au débat sur l'endettement excessif des pays en développement et leur offre la possibilité de pratiquer une gestion plus saine de leurs économies respectives parce qu'elle permet de :

- libérer les pays en développement du fardeau de la dette puisqu'ils seront toujours en capacité de remboursement ;

- éviter à ces pays le respect du taux d'endettement optimum de 70%, de surcroit erroné ;

- élargir davantage les sources de financements extérieurs ;

- éviter aux pays débiteurs, les conditions, souvent draconiennes, des conditionnalités et autres contraintes, initialement liées aux opérations d'emprunts auprès du FMI et de la Banque Mondiale et autres institutions financières ;

- éviter à ces pays la conformité à des conditionnalités et contraintes, parfois draconiennes, relatives aux différents mécanismes et propositions de règlement des problèmes de leur surendettement international.

L'optimalisation de l'endettement national et international est un mécanisme rationnel qui pourrait prévenir et éviter, de façon définitive, les crises d'endettement si les créanciers privés et publics et les pays débiteurs l'intériorisaient et acceptaient de l'appliquer en la posant, de part et d'autre, comme la condition sine qua none pour toute dette.

### 2.3. Un exemple de sous-secteur à rentabiliser : l'Agro-industrie

Les dettes contractées par les pays africains pourraient très bien être réinvesties dans la transformation des matières premières, particulièrement, celle des produits agricoles. Ceci permettrait d'accélérer le développement de l'agro-industrie presque inexistante dans la plupart des pays africains pourtant de gros producteurs et exportateurs de produits agricoles. La raison fondamentale est que l'industrialisation est un des nombreux facteurs essentiels (et non la seule urgence africaine) à l'accélération du développement de l'Afrique (cf. croissance économique sans développement en Afrique, de S.A. Djelhi –Yahot, paru aux éditions l'Harmattan, 2019, Paris).

Prenons, comme exemple, le café dont les principaux pays producteurs africains sont le Ghana, le Kenya, la Côte d'Ivoire etc., et dont personne sur terre ne peut se passer de la consommation, de nos jours, dans n'importe quel pays. Certaines études indiquent d'ailleurs que le café est la seconde consommation de boisson en France, après l'eau ; c'est dire combien ce produit est prisé chez les consommateurs et fait partie de leur quotidien. Malheureusement, les pays africains n'en tirent pas de profit suffisant et leurs planteurs de café ploient sous le poids de la pauvreté, faute de rémunération correcte de leurs produits. La loi de l'offre et de la demande aidant, la forte consommation de tasses de café aurait dû, par effets de transmission verticale sur la chaine (de la consommation à la production) et par ricochet, leur apporter un minimum de bien-être. Mais, tel n'est pas le cas.

Or, il y a possibilité d'inverser le cours des choses en transformant sur place sinon la totalité, du moins la majeure partie de la production de café ; dans la situation actuelle de statut quo, le coût d'opportunité est tout simplement abyssal. On peut s'en faire une idée par comparaison entre le prix à la consommation du café moulu (transformé en poudre pour consommation) et le prix au producteur de 1 kilogramme de café grain (séché et prêt à être vendu).

Soit

le prix au producteur : 1kg = 1000FCFA

le prix du kg de café brut sur le marché international est

3000 FCFA = 4,57 euros

Le kilogramme de café grain transformé donne 800 g (selon les normes techniques), soit

1kg de café transformé = 800 g.

Le prix moyen, en France, d'une tasse de café, est donné comme suit :

1 tasse de café = 1,56 euros

Si l'on fait l'hypothèse raisonnable qu'il y a parité de pouvoir d'achat, alors la tasse de café vaut 1,56 euros partout dans le monde, particulièrement en Europe, en Amérique et en Asie.

Le kg de café acheté au producteur à 1000FCFA, soit 1, 524 euros, sera transformé, donnant 800g de café ;

Une tasse de café contenant 8 g de poudre de café, 1 kg de café grain ou 800 g de café moulu, donnent entre 125 et 140 tasses. Nous retenons comme hypothèse de travail, le chiffre de 125 tasses, la borne inférieure.

Pour 1kg de café au départ (chez le producteur), le producteur perçoit

1000 FCFA x 1 kg = 1000 F = 1.524 euros

et le vendeur de café, sous forme de tasse de café (restaurant, bar, Starbucks, Colombus etc.) perçoit

1, 56 euros x 125 = 195 euros

= 195 x 655,957 FCFA

= 127.911, 615 FCFA

Le kilo de café payé au producteur à 1000 FCFA ou 1,56 euros, est vendu à la consommation finale à 195 euros (après une déperdition de 20% de son poids), soit

127.911, 615 FCFA

Soit un écart de prix en FCFA par kilogramme de

127.911,615 FCFA – 1000 FCFA = 126.911FCFA, soit

un écart de prix en euros de

126911,615 / 655,957 = 193,47 euros

ou encore 195 – 1, 524 = 193,47 euros

En divisant les prix du kilogramme en euros et en CFA, on a

195 / 1,524 = 127,952

Ainsi, le prix de la tasse de café vaut presque 127 fois le prix du kilo au producteur.

Pour une tonne (1000kg) de café vendu, le producteur(fermier), en Afrique, perçoit un revenu de

1000FCFA x I000 kg = 1.000.000 FCFA, soit 1524,49 euros

À la consommation, Starbucks, Colombus, le restaurant ou le bar, en Occident, perçoivent

195 euro x 800 kg = 156.000 euros = 102.329.292 FCFA

C'est le revenu procuré par 800 kg obtenu par la transformation de 1000 kg de café grain acheté chez le producteur.

Quel que soit le prix de revient (coût de transformation, emballage, stockage, rémunération du personnel, taxe), les vendeurs de tasse de café, en Occident et partout dans le monde, réalisent un superprofit énorme.

Si nous prenons en compte la quantité de café totale produite par des pays africains, par exemple, la Côte d'Ivoire et le Ghana, le coût d'opportunité encouru pour l'exportation du café en produit brut (donc non transformé) est plus qu'abyssal du point de vue macroéconomique.

Soit

La production de café de 123.924 tonnes de la Côte d'Ivoire en 2018

Avec l'hypothèse de 20% de transformation locale, la quantité exportée, sous forme de produit brut (grain) est

(123.924) – (20 x 123.924) / 100 = 99139,2 tonnes

Ce qui permet aux vendeurs de tasse de café, d'engranger, globalement, la faramineuse somme de

156.000 euros x 99.139,2 = 15.465.715.200 euros

Si l'on fait l'hypothèse – pessimiste - que le Ghana produit la même quantité de production de café que la Côte d'Ivoire, les deux pays permettent à des agents économiques en Occident et ailleurs dans le monde, d'engranger la faramineuse somme de :

15.465.715.200 euros x 2 = 30.911.430.400 euros.

En dessous de 20% de transformation locale de café dans les deux pays, on se fait bien une idée des revenus obtenus par les agents économiques étrangers impliqués dans la vente de café au stade de la consommation finale. Au-dessus de 20% de transformation locale ou en cas de transformation locale de la production totale de café, dans les deux pays, on imagine bien le revenu total énorme qui est procuré.

Ce cheminement montre bien le coût d'opportunité énorme dans la chaine de la création de valeurs ajoutées, donc de richesses, au détriment des pays africains producteurs, du simple fait que le café n'est pas suffisamment transformé en Afrique avant d'être vendu au consommateur final. À cela, il faut ajouter le coût social énorme, pour les africains, en termes d'emplois et de bien-être.

Alors, on est en droit de poser la question de savoir pourquoi doit-on continuer de laisser s'opérer, allégrement et indéfiniment, un tel transfert de surplus de création de richesses vers l'Occident et d'autres régions du monde ? L'on nous répondra, sans doute, qu'il n'y a pas suffisamment d'investisseurs privés nationaux dans les pays africains pour y développer l'agro-industrie. C'est donc un problème lié au manque de financement interne de la transformation du café.

Mais, qu'a-t-on fait, que fait-on des taxes à l'exportation sur le café qui ont généré des centaines de milliers de milliards de francs CFA ou des milliers de milliards d'euros aux États africains, depuis des décennies ?

Le technocrate africain ou occidental – aux connaissances économiques embryonnaires - soi-disant spécialistes en développement ou l'expert des institutions de Bretton Woods répondront que « c'est de l'argent public, et on ne doit pas l'affecter à construire des usines pour transformer localement le café, puisque l'État ne doit pas intervenir dans le secteur de production de biens marchands ».

Oui, en Afrique, aventuriers venus de l'Occident et autoproclamés économistes locaux, aux connaissances économiques embryonnaires d'un étudiant de deuxième année en économie, s'érigent en experts et conseillent les responsables politiques « qu'au nom du libéralisme économique, il est interdit à l'État de produire des biens marchands ». Ils sont les exécutants parfaits de la doctrine ultralibérale des institutions de Bretton Woods qui imposent, dans leurs programmes d'ajustement structurel, entre autres conditionnalités, la privatisation des sociétés d'État (vendues aux occidentaux, les seuls véritables détenteurs de capitaux) et des économies africaines qui souffrent d'absence criarde d'hommes d'affaires nationaux. Paradoxalement, les investisseurs occidentaux se précipitent pour acheter des sociétés étatiques ou prendre des parts d'actions dans des sociétés publiques africaines en privatisation que l'on a jugées non rentables. Pourtant, en France, le Crédit Lyonnais est une propriété de l'État dans le secteur bancaire, Air-France, une société de l'État français qui, par ailleurs, est actionnaire dans Peugeot-Renault, la société de construction automobile et dans bien d'autres sociétés produisant dans le secteur marchand. Mais, les africains ne comprennent pas, ne voient pas ou font semblant de ne pas voir ce qui saute aux yeux de tous. Ils ne voient pas non plus la Chine qui est devenue la seconde économie du monde, derrière les États-Unis, depuis 2016, sur financement public de son économie dans une très large proportion, si ce n'est totalement.

## 2.4. Quand les faits créditent l'interventionnisme de l'État

### *2.4.1. Le New Deal et la mitigation des subprimes*

Les africains ne savent pas ce qu'est le New Deal (1933-1939) qui a permis de relancer l'économie américaine après la grande dépression de 1929. Non ! Ils ne sont pas curieux de savoir l'histoire économique des États-Unis, la plus grande économie du monde, qui aurait dû pourtant leur servir de modèle de réussite économique ou de conduite de politique publique !

La crise des subprimes (2007-2008) ayant été principalement l'affaire du système financier et bancaire de l'Occident, les africains n'en avaient cure, et n'avaient donc pas à en tirer des leçons. Or, c'est le soutien massif de la FED, sur recommandation du Département d'État du Trésor américain, pour le secteur financier et bancaire, qui a permis d'éviter la faillite de ce secteur aux États-Unis et en Europe lors de cette crise.

Mais, le financement massif pour soutenir les économies dans tous les pays, principalement dans les pays occidentaux à économie de marché, à la suite de la crise provoquée par la COVID-19, début 2020, devra maintenant convaincre tout le monde du bienfondé du rôle efficace de l'argent public dans un pays.

### *2.4.2. La Corée du Sud, une réussite sur financement public*

La Corée du Sud, c'est trop loin pour que sa réussite économique spectaculaire sur financement public (interne et externe) attire la curiosité de certains économistes africains et l'attention des décideurs de politique publique en Afrique

En effet, les africains ignorent ou font semblant d'ignorer également que la Coré du Sud, citée paradoxalement en exemple de réussite économique par les institutions de Bretton Woods (FMI et Banque mondiale), a réussi son industrialisation et son développement économique sur financement public, sans être parmi les bons élèves du FMI, dans sa doctrine économique ultra-libérale, comme l'explique très bien Pablo Laixhay (2017), dans son article sur l'endettement des pays en développement( joint en annexe). Nous nous proposons d'ailleurs de faire ici, la synthèse de la partie de cet article consacrée à la Corée du Sud. En effet, avec une population de 25 millions d'habitants et un faible PIB de 3,8 milliards de dollars américains en 1960, la Corée du Sud est devenue la onzième puissance économique du monde en 2015, réalisant un PIB de 1380 milliards de dollars américains pour une population de 50 millions d'habitants, comme le note Pablo Laixhay (2017). Entre 1945 et 1960, à la faveur de la guerre froide (et pour cause de rivalité entre elle et la Corée du Nord communiste et sous influence soviétique), « elle a bénéficié de 3100 milliards de dollars américains de subvention des États-Unis, soit deux fois plus que le montant perçu par la Belgique, la Hollande et Luxembourg dans le cadre du plan Marshall. Sur la période 1945-1994, un montant total de 26,9 milliards de dollars américains a été attribué par les États-Unis et le Japon, à la Corée du Sud sous forme de don. Tous les financements publics ont été investis, par l'État sud-coréen, dans le développement de l'agro-industrie, particulièrement dans l'agro-alimentaire et l'industrie lourde. L'investissement public a permis donc à la Corée du Sud, de produire des biens de substitution aux importations, de créer des emplois et d'accroitre les revenus des agents économiques générant ainsi une demande interne accrue.

Malgré les objections du FMI et de la Banque Mondiale, le pays a continué dans sa politique de développement économique basée sur le financement public, dans les années 1970, avec 80% des investissements alloués à l'industrie lourde. Entre 1980 et 1997, la Corée du Sud a accru ses exportations et acquis bon nombre de marchés internationaux, « des constructions de bulldozers au matériel informatique, en passant par les chantiers navals » de sorte qu'elle a occupé le second rang mondial en construction navale ;

Mais, la politique néolibérale, sous la poussée du FMI et de la Banque Mondiale et d'autres institutions financières internationales va, en 1992, « augmenter la vulnérabilité externe de la Corée du Sud et ses entreprises, ayant emprunté énormément à l'étranger », à la suite d'une série de mesures :

- suppression des barrières douanières et autres restrictions aux importations ;

- privatisation massive d'entreprises publiques ;

- libéralisation des capitaux.

Joseph Stiglitz (1981) a relevé que « les mesures du FMI n'ont pas seulement exacerbé la crise en Corée du Sud, elles l'ont, en grande partie, provoquée : sa cause principale a été, probablement, la libéralisation trop rapide des marchés financiers, même si des erreurs d'organisation ont également joué ».

Après l'éclatement de la crise asiatique en 1997 et la dévaluation de sa monnaie à 96,5%, la Corée du Sud a encore obtenu des financements publics du FMI dans le cadre de l'application d'un programme néolibéral : licenciement massif, suppression des restrictions aux importations, hausse de taux d'intérêt, ventes d'entreprises publiques etc.

Très vite, le pays se retrouve avec une dette de 200 milliards de dollars américains. Mais, le pays va bénéficier de 57 milliards de dollars américains dont 21 milliards du FMI, 10 milliards de la Banque Mondiale et 4 milliards de la Banque Asiatique de Développement. Un second financement, de 22 milliards de dollars américains, apporté par des pays de l'OCDE (États-Unis, Canada, Japon, France, Grande Bretagne, Australie), a allégé la dette du pays et lui a permis de reconstituer ses réserves de change ; ceci a engendré la reprise économique.

### *2.4.3. L'interventionnisme rationnel de l'État*

Partie de Wuhan (Chine) en décembre 2019, la coronavirus disease (COVID-19) s'est transformée, très rapidement, en pandémie mondiale. Le facteur travail s'est trouvé en grand danger. Pour contenir la pandémie, les gouvernements des pays contaminés ont décidé le confinement partiel ou total de leurs populations, la fermeture de leurs frontières et la cessation des activités économiques ou leur réalisation à minima, sur leurs territoires respectifs. Les facteurs capital (K) et travail(L) bloqués partiellement ou totalement, la production des biens et services s'est, soit dangereusement ralentie, soit arrêtée carrément : usines fermées, aéroports et ports bloqués, marchés et grandes surfaces fermés ou tournant au ralenti, restaurants et hôtels fermés, parcs publics et plages désertés, salles de spectacle fermées, transports terrestres fortement réduits, panique sur les marchés boursiers et forte réduction d'activités sur les marchés financiers et bancaires etc.

. Le télétravail, comme palliatif, s'est amplifié. Mais, il ne représente que 5% à 7% environ des activités en Europe (France, Allemagne) et aux États-Unis. Il ne pouvait donc permettre d'éviter la forte baisse de la production ; il n'est d'ailleurs praticable que dans certains types d'activité et n'est pratiqué, dans une très large proportion, que par les cadres, pour une question de commodité à domicile ; de plus, il pose des problèmes de productivité du travailleur qui a des enfants en charge (surtout chez les femmes qui sont mères de familles).

La courbe des possibilités de production dans un pays i, contaminé ou non, s'est retrouvée au voisinage de son niveau minimal, donc à un niveau nettement inférieur par rapport à son niveau d'avant la COVID-19.

Soit $Y_i$ = PIB, la production du pays i

n = le nombre de pays au monde

$Y_n = \sum Y_i$ = la production mondiale de biens

= la somme des productions de tous les pays du monde

On peut représenter, graphiquement, les productions avant et après la crise de la COVID-19.

Sur le graphique n° 1, ci-dessous, la courbe des possibilités de production a régressé, passant de $C_{i2}$ à $C_{i1}$, par exemple, dans le pays i.

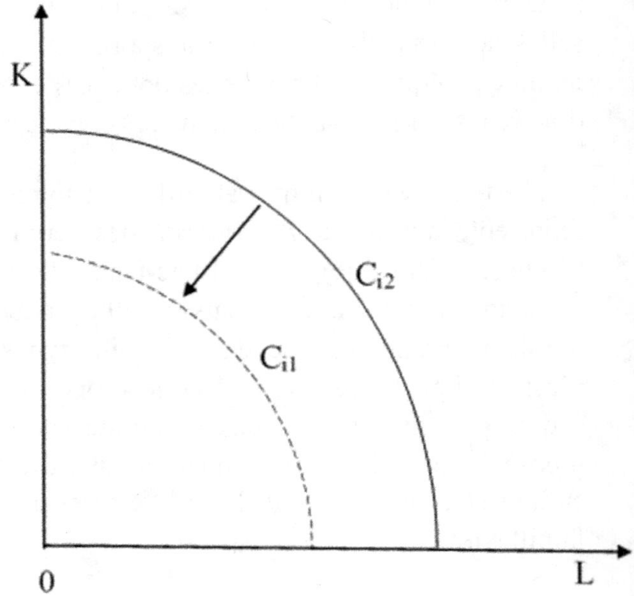


Graphique n°1

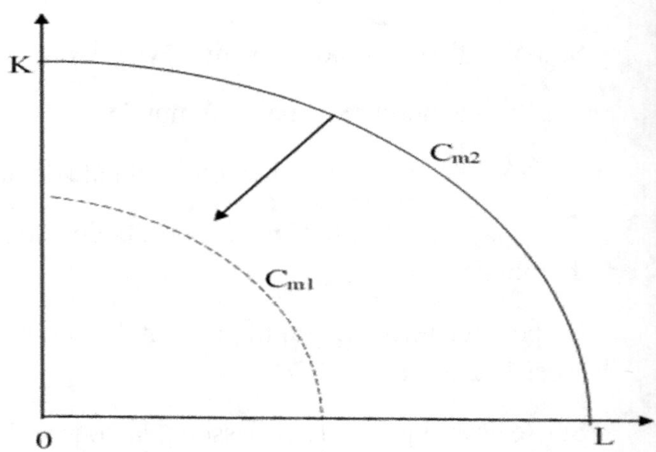


Graphique n°2

En conséquence, la production mondiale, sur le graphique n° 2, ci-dessus, a également baissé de $C_{m2}$ à $C_{m1}$.

Les États – Unis ont enregistré un taux de croissance économique négatif de – 0,9%, au premier trimestre de l'année 2020.

Sur la même période, la France, l'Allemagne et le Japon ont réalisé des taux de croissance économique négatifs de – 5,8%, – 1,9% et -0,9% respectivement.

Pour contenir la crise économique sans précédent provoquée par un si puissant facteur exogène, les États ont réagi rapidement, pour éviter la catastrophe totale et relancer leurs économies respectives, et partant, l'économie mondiale, dans un délai raisonnable.

Le gouvernement fédéral des États-Unis a débloqué, dans un premier temps, 3.000 milliards de dollars pour soutenir les entreprises de tous les secteurs d'activité en grande difficulté et payer entre 1200 dollars et 3.000 dollars aux ménages dont les revenus annuels sont inférieurs à 135.000 dollars (84.000.000FCFA, soit 6.900.000 FCFA par mois) ; un fonds spécial de 500 milliards de dollars a été également alloué par l'État fédéral au secteur de l'automobile, pour éviter son effondrement.

Au Canada, le gouvernement fédéral et les gouvernements provinciaux ont apporté 105 milliards de dollars au secteur privé et aux ménages les plus faibles financièrement (à concurrence de 2.000 dollars par ménage pendant trois mois). ; les entreprises ont bénéficié, en plus, de report d'impôts d'une valeur de 85 milliards de dollars et de prêts d'un montant de 80 milliards de dollars de la part du gouvernement fédéral.

En France, en Allemagne, en Angleterre et dans les autres pays de l'Europe, des centaines de milliards d'euros de fonds publics ont été alloués par les États pour financer les différents secteurs privés de l'économie en grande difficulté et soulager les ménages à faibles revenus. Par exemple, La Commission de l'Union européenne a donné son accord pour que la France finance la compagnie aérienne Air-France à hauteur de 7 milliards d'euros ; L'Union européenne elle-même, a alloué des milliards d'euros pour soutenir les économies en son sein, et même en Afrique. Elle a même fait l'impasse sur l'orthodoxie budgétaire et oublié son fameux critère du déficit budgétaire maximum de 3% imposé à ses pays- membres, et le ciel n'est tombé sur la tête de personne. C'est la preuve de l'irrationalité de ce critère (S.A. Djelhi Yahot, 2017,2019), anti keynésien qui mine les économies européennes et réprime durement les économies les plus fragiles comme celles de la Grèce, de l'Italie etc.

La solidarité internationale s'est également manifestée à travers :

- la décision des pays du G20 de rééchelonner la dette extérieure de l'Afrique, d'un montant de 365 milliards de dollars ;

- la constitution par les pays développés et l'Union européenne de fonds de soutien pour les pays africains frappés par la COVID-19 ;

- les financements exceptionnels, octroyés par le FMI et la Banque Mondiale, aux pays africains en proie à des difficultés financières provoquées par la lutte contre la COVID-19.

Dans ces pays à économie libérale, dans les institutions de Bretton Woods, à l'Union européenne etc., on a mis, dans le tiroir, l'interdiction du financement du secteur privé sur fonds publics. Les économistes néolibéraux (ultralibéraux) n'ont fait aucune objection aux financements massifs du secteur privé par les États respectifs et les organisations internationales ou les espaces économiques communautaires, dépositaires ou tenants de la doctrine de l'économie libérale. Beaucoup parmi les économistes néolibéraux en ont bénéficié, soit directement, soit indirectement, avec un point de soulagement au cœur. Peuvent - ils continuer à soutenir leur thèse de l'interventionnisme envahissant et nocif de l'État dans le fonctionnement de l'économie dans un système d'économie de marché ? J'en doute.

Mais, intelligents qu'ils sont, ils pourraient habillement prévenir contre une éventuelle inflation (due à la planche à billet etc.) et un creusement excessif prévisible de déficits budgétaires. Faux !

Tant que la monnaie finance une activité réelle, elle ne peut provoquer d'inflation, car l'inflation survient quand il y a plus de monnaie qu'il ne faut dans une économie. C'est en cela que le professeur Joseph Tchundjang Pouémi (1980) définit la monnaie comme « un bien vide qui se remplit des activités économiques » ; c'est bel et bien le cas des financements publics des économies dans cette situation de crise provoquée par la C0VID-19.

Le déficit budgétaire, par les effets positifs du multiplicateur keynésien et de crédit, n'est pas nocif à l'économie, selon Keynes et les néokeynésiens, de surcroit quand il est rentabilisé, c'est-à-dire alloué à des activités économiques rentables qui s'auto-remboursent, comme nous l'avons démontré antérieurement. Or, dans le cas de la crise de la COVID-19, une bonne partie des financements publics extérieurs pour l'Afrique, est constituée de dons (donc non remboursables) qu'il faut simplement affecter rationnellement ; l'autre partie, qui est interne, est destinée, soit aux ménages pour maintenir ou accroitre leur pouvoir d'achat (donc la consommation), soit à la stimulation de la reprise de la croissance économique grâce au financement de la production de biens privés et publics. Le risque de déficits à impact négatif est sinon nul, du moins, moindre.

À la vérité, quand l'économie de marché est menacée de faillite ou en situation de faillite, l'interventionnisme rationnel de l'État est le seul instrument qui permet d'éviter la catastrophe économique (récession ou dépression). L'interventionnisme rationnel de l'État, c'est l'allocation optimale des ressources publiques, c'est-à-dire l'allocation qui vise simultanément efficacité économique et équité, donc l'optimalité au sens de Pareto.

Le New Deal (1932- 1939) du président Roosevelt, le financement du développement de la Gorée du Sud à partir de 1945, la mitigation de la crise financière des subprimes (2007-2008) grâce au président Obama et le financement massif de presque tous les secteurs d'activité, par tous les pays du monde, contaminés ou pas par la COVID-19, sont la preuve que l'argent public est le dernier rempart contre la faillite du secteur privé dans une économie, libérale ou non libérale.

C'est la vérité scientifique que, quand l'économie de marché est bloquée par un puissant choc négatif, exogène(COVID-19) ou endogène (grande dépression de 1929, crise des subprimes de 2007-2008), quand il y a insuffisance ou absence de l'investissement privé (cas de la Corée du Sud dans les années 1940), l'interventionnisme rationnel de l'État est le seul et unique recours pour permettre la reprise économique ou accélérer la croissance économique dans un pays et à l'échelle mondiale. L'argent public doit suppléer l'absence, l'insuffisance ou l'incapacité de l'argent privé dans un pays, quel que soit le type d'économie (libérale ou non) adopté.

Aussi, attendons-nous que les collègues économistes néolibéraux, purs et durs, démontrent scientifiquement le contraire de cette assertion scientifique que nous nous sommes efforcé de démontrer ici et que confirment les faits économiques, depuis le New Deal du président Roosevelt en 1933 à la crise économique provoquée par la COVID-19, dès début 2020.

D'ici là, et logiquement, l'absence criarde du secteur privé, dans les secteurs de production de biens marchands, en Afrique, doit être absolument comblée par le secteur public à travers le financement public, pourvu que les critères d'efficacité économique soient respectés. Or, les critères d'efficacité économique, comme nous l'avons déjà souligné, ont été déjà déterminés par la théorie économique et sont à la disposition de tout le monde ; il suffit de vouloir les appliquer. Et les appliquer ne demande pas d'effort particulier au décideur de politique publique ; il s'agit simplement de vouloir obtenir des résultats économiques performants. Si l'on veut accélérer la croissance économique dans les pays africains en vue d'y réaliser, dans un délai raisonnable, le développement économique optimal (cf. *Croissance économique sans développement en Afrique,* de Djelhi Yahot, 2019, éditions l'Harmattan, Paris), il faut absolument allouer les ressources publiques, de façon optimale, tel qu'exposé dans ce livre et dans *La théorie des finances publiques optimales* (cf. Djelhi Yahot, 2020, éditions l'Harmattan, Paris). En effet, la situation économique de l'Afrique, prise globalement, reflète à la fois, l'absence, l'insuffisance et l'incapacité du secteur privé, à financer correctement et suffisamment l'économie, qui sont les conditions nécessaires et suffisantes pour l'interventionnisme rationnel de l'État.

### 2.5. L'Afrique peut aussi financer son développement sur fonds public

Comme on peut le constater, la Corée du Sud est, par excellence, l'exemple typique, à la fois, de la réussite économique par le financement public et l'endettement international, et la preuve des externalités négatives de l'ultra-libéralisme dans le processus de développement économique d'un pays. Ce cas devrait suffire pour convaincre les économises néolibéraux et les institutions de Bretton Woods et les pays africains que le développement rapide, de ces derniers, passe nécessairement par une forte dose de financement public et l'utilisation optimale de l'endettement international (cf. la notion de rendement optimal de la dette que nous avons déjà introduite dans ce livre).

Après le sabotage du Plan d'Action de Lagos (PAL) de 1980, pour le développement endogène de l'Afrique, par les institutions de Bretton Woods et son remplacement par leurs Programmes d'Ajustement Structurel aux résultats sinon désastreux, du moins très limités, les pays africains devront résolument financer leur développement, en grande partie, avec l'argent public et l'emprunt extérieur et intérieur optimalisé.

Comme en Occident, l'économie de marché ne saurait priver les États africains de suppléer l'investisseur privé là où il est absent. Il faut pouvoir concilier rentabilité, utilité publique, nécessité de développement et rationalité économique.

Ainsi, les pays africains producteurs de café disposent de moyens nécessaires pour financer la transformation du café localement avant de l'exporter en produit fini. Mais, pour les économistes ultralibéraux, les institutions de Bretton Woods et leurs acolytes parmi les économistes africains, l'intervention .de l'État, dans la production de biens marchands, est un sacrilège.

Mais, au nom de la théorie économique libérale et de l'efficacité de l'économie de marché, les pays africains doivent-ils s'abstenir absolument d'intervenir dans les secteurs de production de biens marchands rentables qui manquent cruellement d'investisseurs privés? Doivent-ils attendre indéfiniment le secteur privé étranger qui n'intervient, en général, que dans les secteurs hautement rentables pour rapatrier, par la suite, leurs bénéfices (entretenant ainsi la fuite des capitaux) et les investisseurs nationaux pratiquement inexistants ? Le coût d'opportunité d'une telle attitude est déjà tellement abyssale pour les économies et populations africaines qu'il est devenu totalement irrationnel de maintenir plus longtemps un tel comportement économique ; la Corée du Sud, la Russie et la Chine (surtout) nous apportent la preuve que l'investissement public peut être rentable et contribuer significativement au processus de développement économique d'un pays.

L'investissement public, réalisé sur la base de rationalité économique, est tout aussi rentable que l'investissement privé ; l'endettement international peut donc être réinvesti dans les secteurs productifs rentables par les pays africains. Il s'agit simplement d'une question d'allocation rationnelle de ressources.

# CHAPITRE QUATRIÈME

## L'ENDETTEMENT DE L'AFRIQUE : MYTHE OU RÉALITÉ ?

Comme nous l'avons déjà signalé, la décision d'investir ou d'accorder un prêt en vue de réaliser un investissement quelconque, doit être conditionnée, du point de vue de la logique économique, par la rentabilité future de l'investissement. Toute autre considération sort du champ de la rationalité économique. Par rapport à ses ressources minières inestimables et à l'abondance de ses matières premières (dont certains pays africains sont parfois les seuls véritables producteurs au monde), l'Afrique devrait pouvoir, sans grande difficulté, emprunter autant que possible, pour financer ces grands projets de développement économique dont la rentabilité est incontestable.

Les pays africains, comme beaucoup d'autres pays du Tiers-monde, se sont retrouvés dans la spirale de l'endettement, consistant, entre autres, à emprunter pour, parfois, rembourser des emprunts ; les créanciers, principalement de l'Occident et les multinationales, ont trouvé des mécanismes, instruments et stratégies diverses, pour alléger le fardeau de la dette de ces pays, allant jusqu'à l'effacement partiel ou total : l'explication, c'est qu'à un moment donné de l'histoire, on n'avait pas pris, de part et d'autre, les bonnes décisions économiques. Aussi, tout ce qui a suivi comme dispositions, pour résoudre la crise de l'endettement international, est-il un rattrapage.

Ainsi, tout le monde, à la recherche du temps perdu, s'est rué et continue de le faire, vers la recherche de solutions, à travers des comportements et décisions plus ou moins rationnels, en matière de dette, pour espérer rattraper une partie du coût d'opportunité énorme, occasionné par les mauvaises décisions et actes économiques antérieurs : créanciers et débiteurs se sont donc mis à la recherche du temps perdu dans les relations économiques internationales depuis le déclenchement de la crise de l'endettement, en 1982. Certaines organisations économiques (l'Union européenne, l'ex-UEMOA, la CEDEAO, la CEMAC etc.) maintiennent un taux d'endettement optimum à 60% ou à 70% ; certaines études économiques déterminent des niveaux de solvabilité quand d'autres études empiriques ou économétriques et les faits contredisent ce taux d'endettement optimum.

Alors, je veux dire ici que l'Afrique, en réalité, n'était pas surendettée, dans les années 1970- 1980. Elle aurait été en capacité de remboursement si ses produits du sous-sol et ses matières premières avaient été rémunérés correctement, et les fonds empruntés, alloués de façon optimale, c'est-à-dire affectés au financement d'investissements dont le taux de rendement était supérieur au taux d'intérêt débiteur sur les emprunts extérieurs ; de plus, le taux d'endettement optimum traditionnel est erroné et ne peut donc refléter la solvabilité des pays africains.

## I. LES POTENTIALITÉS ÉCONOMIQUES ET FINANCIÈRES DES PAYS AFRICAINS

L'état de surendettement est l'incapacité d'un pays à faire face à ses obligations contractuelles vis -à –vis de ses créanciers. Alors, Il s'agit, pour nous, de voir si les pays africains fortement endettés qui ont bénéficié ou continuent de bénéficier des différentes mesures de réduction, d'allègement ou même d'effacement de leurs dettes, étaient réellement surendettés, étant donné, leurs potentialités de ressources financières. Globalement, l'Afrique dispose de potentialités de ressources énormes à partir desquelles elle peut s'endetter :

- dans une large proportion, les matières premières agricoles d'exportation du monde sont produites en Afrique : café, cacao, coton, caoutchouc naturel, palme à huile, anacarde, coton, banane etc. ;

- le continent détient, respectivement, dans les réserves de productions mondiales, 90% de platine, 40% d'or, 60,7% de diamant, 18% d'uranium, 60% de cobalt etc. Théoriquement, l'Afrique en tant que région, offre des potentialités de rendement futur certain dans ces différents secteurs d'activités pour que les économies africaines bénéficient de financements extérieurs tant privés que publics pour le financement de leur développement ;

- en absence d'investisseurs privés, dans l'agro-industrie, par exemple, les États africains peuvent y investir en allouant une partie des énormes taxes d'exportations sur les produits agricoles, à la création d'usines de transformation dans ce secteur. Les potentialités de création de fortes valeurs ajoutées y sont indéniables, avec en plus, des créations d'emplois requérant très peu de qualification professionnelle, dans des pays où le taux d'illettrisme est encore très élevé et où le taux de chômage est également très élevé (15% en moyenne). Il est, à la fois, irrationnel et illusoire de vouloir attendre l'investissement privé adéquat dans l'Agro-industrie africaine. On a attendu depuis les indépendances politiques en 1960 ; l'attente risque d'être encore plus longue : les banques et autres institutions financières privées préfèrent financer la commercialisation des produits agricoles d'exportation à rendement certain, sur des cycles très courts, avec un risque presque nul, que de financer des usines de transformation ou la production de ces produits comportant des risques nettement élevés ;

- le secteur agricole encore largement sous-exploité, mais hautement productif, s'il est industrialisé : l'agro-industrie est pratiquement inexistante, car les produits agricoles sont exportés bruts et sont très peu transformés (entre 10 et 20 % environ) ; elle y est rentable. D'où l'existence de potentialités d'investissement énormes qui confirme les capacités économiques et financières du continent africain. L'Afrique peut donc s'endetter sur la base rationnelle que c'est la rentabilité future qui conditionne la décision de prêt et d'investissement.

- le secteur minier, très rentable, mais encore sous-exploité, est un élément qui contribue à crédibiliser la rentabilité des économies africaines, d'où possibilité d'emprunts à risque maitrisable :

- les autres secteurs d'activité (secondaire et tertiaire) offrent également d'énormes possibilités d'investissements rentables et demeurent très loin de leur niveau de saturation.

En termes de rentabilité future, les économies africaines comportent donc des secteurs à productivité élevée. Le seul problème, c'est que le secteur privé s'intéresse très peu à ces secteurs d'activités pour des raisons diverses ; l'État lui-même, au nom du principe sacrosaint de non interventionnisme étatique, dans le fonctionnement de l'économie et dans la production de biens marchands, refuse d'y investir et retarde, sans le savoir ou feignant de ne pas le savoir, la progression de l'économie domestique, donc la croissance économique ; et la non industrialisation du secteur agricole, en combinaison avec tant d'autres facteurs, contribue à maintenir les pays africains dans le sous- développement : c'est le sous-développement auto-entretenu (cf. *Croissance économique sans développement en Afrique,* de S.A. Djelhi Yahot, *éditions l'Harmattan,* Paris, novembre 2019 ).

## II. LES MAUVAISES ALLOCATIONS DES FONDS EMPRUNTÉS

Dans certains pays endettés, les nouveaux prêts sont parfois alloués à des règlements de dettes antérieures, creusant ainsi un trou pour en boucher un autre. C'est le cercle vicieux de l'endettement qui peut monter en spirale ou faire boule de neige.

Les fonds empruntés sont aussi utilisés à financer des projets peu rentables ou pas du tout rentables. Par exemple, ils peuvent être alloués, purement et simplement, au fonctionnement de l'Administration ou à l'équipement des troupes.

Il est des cas où les fonds sont destinés à la corruption depuis le pays créancier et non à l'efficacité économique. À cet égard, Joseph Stiglitz (2000), Prix Nobel d'économie 2001, économiste en chef à la Banque Mondiale de 1997 à 1999, révèle : « Dans de nombreux cas, les prêts étaient destinés à corrompre les gouvernements pendant la guerre froide. Le problème n'était pas alors de savoir si l'argent favorisait le bien-être des populations du pays, mais s'il conduisait à une situation stable, étant donné les réalités géopolitiques ».

Il est aussi des cas de gaspillages (Mancur Olson,2000) ou de détournements partiels des fonds empruntés, à des fins personnelles, dans les pays en développement, selon les agences de notation (International Transparency, Frich Rating etc.). Les procès, en France, pour biens mal acquis, contre des dirigeants africains ou leurs familles, sont l'illustration parfaite du comportement bureaucratique plus ou moins généralisé, en matière de gestion des fonds publics, dans les pays du tiers monde, particulièrement, les pays africains. Dans une publication en février 2020, la Banque mondiale a soutenu l'existence d'une corrélation entre le montant des fonds prêtés aux des pays en développement et le montant total des fonds qui sortent de ces pays sous-forme de fuite de capitaux. Elle a même assimilé cette fuite de capitaux illicite à des détournements de fonds et l'a estimée à 15% du total de la dette de ces pays.

## III. L'ENDETTEMENT INTERNATIONAL, UNE NÉCESSITÉ POUR LES PAYS AFRICAINS

Dans les paragraphes précédents, nous avons vu, d'une part, que, malgré leur état de surendettement supposé, dans les années 1980-1990, la plupart des pays qualifiés de surendettés du Tiers-monde, bénéficiaient toujours de financements extérieurs, de la part de leurs créanciers, y compris les banques privées, et d'autre part, que ni les créanciers ni les pays débiteurs n'ont connu de faillites financières. En plus, il y a eu volonté commune de résoudre le problème. On peut donc en déduire que :

- l'endettement des pays débiteurs ne présentait pas, en réalité, un grand risque pour les créanciers publics et privés(pays, multinationales et banques privées), donc pour le système financier international ; autrement, ces créanciers auraient connu la faillite financière, tout au moins des difficultés financières, à la suite des défauts de paiements et moratoires successifs des pays débiteurs dans les années 1980 et des différents mécanismes d'allégement de la dette, surtout de l'Initiative PPTE ayant permis d'effacer 80%, puis 90% de la dette des pays pauvres très endettés ;

- les pays débiteurs n'étaient pas interdits d'accès aux financements extérieures ; malgré leur état de surendettement, le robinet financier n'était pas complètement fermé, même si le débit était moins volumineux ; leur état d'endettement ne mettait pas en péril, non plus, le fonctionnement de leurs économies, du moins jusqu'à un certain degré qui n'était pas encore le seuil critique ;

- il y a eu une réaction normale tant du côté des créanciers que des débiteurs : les créanciers ont élaboré des mécanismes, stratégies et programmes pour tenter de résoudre le problème de solvabilité des pays concernés tout en continuant à leur accorder d'autres prêts ; les pays débiteurs, de façon générale, avaient refusé de déclarer le défaut de paiement pour éviter les effets de « moral hazard » et de » adverse selection ») face aux problèmes de l'endettement international ;

- l'endettement, en réalité, n'est pas un problème pour un pays, quel que soit son niveau, tant du point de vue des faits que de la rationalité économique : depuis le début de ce que l'on appelé crise de la dette en 1982, les pays débiteurs continuent de s'endetter, les pays créanciers, naguère objecteurs de conscience, s'endettent également au point qu'ils sont devenus, depuis les années 2000, non seulement des pays fortement endettés, maïs les plus endettés de la planète, si l'on s'en tient aux critères d'endettement traditionnels. Tout ceci donne indubitablement raison au Président Houphouët, à cent pour cent ;

- les critères d'appréciation de l'état d'endettement (Dette / PIB, Dette extérieure / Exportation) étant, soit inappropriées, soit erronés, donnaient une fausse interprétation de la solvabilité des pays endettés ; même s'ils étaient endettés, ils n'étaient pas surendettés, c'est-à-dire plus qu'il ne fallait au point de mettre en péril, le fonctionnement de leurs économies respectives ;

- les défauts de paiement et les moratoires déclarés par certains pays débiteurs dans les années 1980, étaient plutôt une réaction logique par rapport à la détérioration des termes de l'échange de leurs produits primaires d'exportation si tant est que l'on apprécie également leur capacité de remboursement à travers le ratio dette/ exportation, étant entendu que les matières premières constituent leurs principales ressources budgétaires ; en effet, si l'on considère que la baisse des prix des matières premières est la résultante du refus de l'Occident de rémunérer correctement ces produits, la réaction des pays débiteurs était logique : ils refusaient d'utiliser d'autres sources de revenus domestiques pour les paiements de la dette extérieure, leurs ressources financières extérieures procurées par les exportations étant considérablement réduites par l'Occident ;

- l'endettement international est un moyen d'intégration dans l'économie mondiale, à l'heure de la globalisation devenue irréversible pour tout pays. Il ne devient nocif aux pays africains que lorsqu'il engendre des transferts à l'étranger, à l'occasion de remboursement, sans contreparties, en termes de création de richesse interne. Or, la rentabilisation de la dette permet de la rembourser avec gains, donc sans fuite réelle de capitaux ;

- les pays africains, même très endettés, peuvent continuer à s'endetter tant qu'ils respectent la condition d'optimalité de la dette que nous avons déterminée ; or, les pays endettés peuvent, très aisément, respecter cette condition en allouant de façon optimale, les dettes qu'ils contractent. Il n'y a rien de compliqué, il suffit simplement de vouloir respecter la rationalité économique en matière d'endettement : allouer la dette contractée au financement d'un investissement dont le rendement est supérieur à celui du service de la dette.

Ainsi, et au sens strictement économique, les pays africains dits très endettés, peuvent ne pas être en situation de surendettement. De ce point de vue, on peut considérer que l'endettement de l'Afrique tant commenté et décrié, est simplement un mythe et non une réalité, puisqu'il ne peut traduire la réalité économique, sans être en contradiction avec le raisonnement scientifique. Il est, en fait, une interprétation erronée de la réalité économique dans les pays africains prétendument qualifiés de pays très endettés.

## IV. L'ENDETTEMENT EST PROFITABLE À TOUS, Y COMPRIS L'ARFIQUE

Comme suite aux différents mécanismes d'allègement de la dette, l'on peut affirmer que chaque partie prenante - tant du côté des créanciers que des pays débiteurs – est sortie gagnante de ce que l'on a qualifié de crise de l'endettement ; les tentatives successives de règlement de cette crise ont, en définitive, permis de faire un rattrape de comportement et de rémunération, même si les prix des matières premières continuent à être sous-rémunérés. De plus, les pays créanciers et les pays en développement connaissent des taux de croissance positifs, exceptionnels pour certains. C'est également la preuve que l'endettement n'est pas néfaste à l'économie d'un pays.

### 4.1. Les créanciers publics

#### *4.1.1. Le FMI*

Les pays en développement, en général, constituent un marché énorme pour les prêts du FMI, prêts qui lui permettent de subsister, en tant organisme de financement, du moins de survivre, car il y a grand intérêt. En effet, la déclaration de l'inconvertibilité du dollar, en 1971, par le Président Richard Nixon, puis les Accords de Kingston(Jamaïque)en 1976 mettant fin au système de change fixe adopté en 1944 à Bretton Woods et officialisant le système de change flottant, avaient, théoriquement, mis fin au rôle du FMI comme gendarme du fonctionnement du système monétaire international. Le FMI, logiquement, aurait dû être dissout.

Mais, la réorientation du rôle de cette institution internationale lui a permis de se maintenir plus pour le financement de l'économie que pour la surveillance du système monétaire international dont, en réalité, par le flottement des monnaies, le monde n'en avait véritablement plus besoin.

Aussi, à travers les Programmes d'Ajustement Structurels, dans le cadre de l'allégement de la dette des pays en développement, le FMI trouvait-il des créanciers sûrs, parce que publics ; mais, ces programmes étaient également un moyen d'intervenir directement dans la gestion économique et financière de ces pays ; de plus, les autres bailleurs de fonds, et même les banques privés, conditionnaient toute décision de prêts ou d'allégement de dette, à la signature d'accords de programmes préalables, avec le FMI qui est devenu ainsi le maître du mécanisme de financement des pays en développement. De gendarme du système monétaire international, le FMI est devenu le gendarme des économies des pays en développement.

*4.1.2. La Banque Mondiale*

Les pays en développement étant les principaux emprunteurs de la Banque Mondiale, les pays africains endettés trouvaient, auprès d'elles, la source idéale de financement, d'autant plus que les prêts leur sont octroyés, très souvent, à des taux concessionnels, surtout à travers les prêts IDA. Les pays pauvres très endettés, autant que les autres pays en développement, sont des débiteurs, certes, mais, des emprunteurs publics sûrs, de qui les remboursements viendraient, tôt ou tard, d'une façon ou d'une autre. Il n'était donc pas question de les laisser sombrer dans la faillite financière. Les intérêts économiques sont réciproques. Il fallait donc continuer à financer les pays pauvres très endettés pour leur permettre de survivre et maintenir le jeu des intérêts communs. C'est un comportement économique rational.

*4.1.3. Les pays créanciers*

Les créanciers n'ont connu aucune difficulté financière particulière, du moins liées directement à l'endettement international, malgré le manque à gagner énorme que leur causaient et causent encore les mécanismes d'allégement de la dette des pays en voie de développement, en dépit de l'effacement substantiel de cette dette. Mieux, les pays créanciers, eux-mêmes, ont réalisé des taux de croissance positifs parfois élevés depuis 1981 en même temps qu'ils s'endettent très fortement, à leur tour, depuis 2000.

Le graphique n° 1 et le tableau n° 12, ci-après, nous donnent une indication sur le taux de croissance des principales économies de l'Union Monétaire Européenne (19 des 28 pays européens ayant l'euro comme monnaie commune) et de celle de l'Union européenne elle-même, en tant qu'espace économique. À l'exception de l'Italie en 1998, 2012 et 2016, de la France en 1993 et 2009 et de l'Allemagne en 1993, les pays de l'Union Monétaire Européenne ont réalisé des taux de croissance positifs, parfois élevés, variant entre 0,2% et 5,3% entre 1985 et 2016.

L'Union européenne, elle-même, en tant qu'espace économique à 15 États, a réalisé des taux de croissance positifs, variant entre 1% et 5,3%, sauf les années 1993, puis 2008 et 2009 pour cause de la crise des subprimes et 2012, les seules périodes cours desquelles elle a connu des taux de croissance négatifs.

L'Union européenne, à 28 États, a connu également des taux de croissance positifs de 1,1% à 3,8% entre 1996 et 2016.

Sur la période de 1981 à 2018, les États-Unis d'Amérique ont réalisé des taux de croissance positifs dans une fourchette de 1% à 4,7% ; seuls leurs taux de croissance de 2007 et 2008 ont été négatifs à cause de la crise financière provoquée par les subprimes.

L'autre grande économie de l'OCDE, le Japon a réalisé les mêmes performances de taux de croissance positifs variant entre 0,3% et 6,3%, sur la même période, avec seulement quatre années de croissance négative en 1998,2008, 2009 et 2011.

Le tableau n° 6 relatif à l'endettement de certains pays développés indique que, depuis les années 2000, ces pays développés s'endettent énormément, si l'on s'en tient aux critères traditionnels d'endettement. Ils dépassent nettement le taux plafond de 70%. Pourtant aucun d'eux n'a déclaré ni défaut de paiement ni moratoire ; aucun mécanisme d'allégement de leurs dettes n'a été engagé, n'est en vue. Pourtant, ils réalisent de bonnes performances économiques. Tout ceci n'est pas un paradoxe, mais, procède d'un malentendu sur les concepts de taux de solvabilité et de rendement optimum de la dette entre les concepteurs ou les tenants de l'approche traditionnelle et nous qui avons introduit, ici, une nouvelle approche dans l'analyse ; de plus, le taux d'endettement traditionnel étant erroné, il ne peut que conduire à des interprétations erronées et à des résultats inattendus et contraires.

Graphique n° 1 du taux de croissance du PIB de quelques pays développés

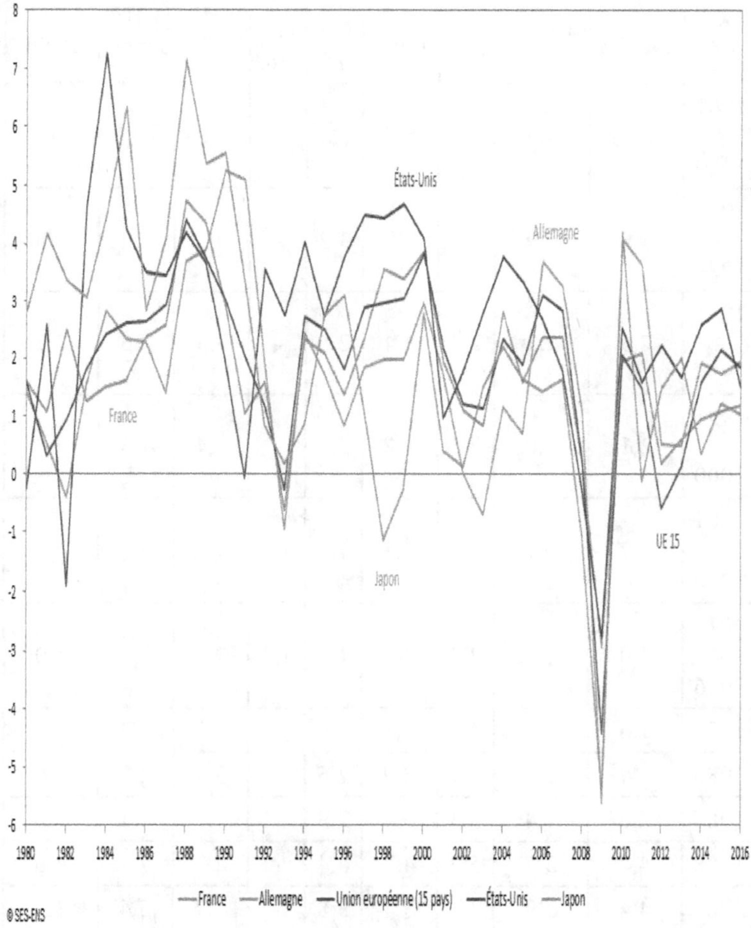

Tableau n° 12 : taux de croissance annuel du PIB en volume (année de base 2010) en %.

| | France | Allemagne | R Uni | Italie | UE 15 | UE 28 | États-Unis | Japon | OCDE |
|---|---|---|---|---|---|---|---|---|---|
| 1961 - 1970 | 5,7 | 4,5 | 3,1 | 5,7 | 5,3 | - | 4,2 | 10,1 | - |
| 1971 - 1980 | 3,6 | 2,9 | 2,1 | 3,8 | 3,2 | - | 3,2 | 4,5 | 3,5 |
| 1981 - 1990 | 2,5 | 2,3 | 2,9 | 2,4 | 2,5 | - | 3,3 | 4,6 | 3,2 |
| 1991 - 2000 | 2,1 | 2,0 | 2,5 | 1,7 | 2,3 | - | 3,4 | 1,3 | 2,8 |
| 2001 - 2010 | 1,2 | 0,9 | 1,5 | 0,3 | 1,2 | 1,4 | 1,6 | 0,6 | 1,7 |
| 2011 - 2016 | 1,0 | 1,7 | 2,0 | -0,3 | 1,1 | 1,3 | 2,1 | 1,0 | 1,9 |
| 1985 | 1,6 | 2,3 | 4,2 | 2,8 | 2,6 | - | 4,2 | 6,3 | 3,9 |
| 1986 | 2,4 | 2,3 | 3,1 | 2,9 | 2,6 | - | 3,5 | 2,8 | 3,0 |
| 1987 | 2,6 | 1,4 | 5,3 | 3,2 | 2,9 | - | 3,5 | 4,1 | 3,6 |
| 1988 | 4,7 | 3,7 | 5,7 | 4,2 | 4,4 | - | 4,2 | 7,1 | 4,6 |
| 1989 | 4,4 | 3,9 | 2,6 | 3,4 | 3,8 | - | 3,7 | 5,4 | 3,9 |
| 1990 | 2,9 | 5,3 | 0,7 | 2,0 | 3,0 | - | 1,9 | 5,6 | 3,2 |
| 1991 | 1,0 | 5,1 | -1,1 | 1,5 | 2,0 | - | -0,1 | 3,3 | 1,5 |
| 1992 | 1,6 | 1,9 | 0,4 | 0,8 | 1,2 | - | 3,6 | 0,8 | 2,3 |
| 1993 | -0,6 | -1,0 | 2,5 | -0,9 | -0,3 | - | 2,7 | 0,2 | 1,5 |
| 1994 | 2,3 | 2,5 | 3,9 | 2,2 | 2,7 | - | 4,0 | 0,9 | 3,0 |
| 1995 | 2,1 | 1,7 | 2,5 | 2,9 | 2,5 | - | 2,7 | 2,7 | 2,6 |

| | | | | | | | | | |
|---|---|---|---|---|---|---|---|---|---|
| 1996 | 1,4 | 0,8 | 2,5 | 1,3 | 1,8 | 1,9 | 3,8 | 3,1 | 3,2 |
| 1997 | 2,3 | 1,8 | 4,0 | 1,8 | 2,9 | 2,9 | 4,5 | 1,1 | 3,7 |
| 1998 | 3,6 | 2,0 | 3,1 | 1,6 | 3,0 | 3,0 | 4,4 | -1,1 | 2,9 |
| 1999 | 3,4 | 2,0 | 3,2 | 1,6 | 3,1 | 3,0 | 4,7 | -0,3 | 3,4 |
| 2000 | 3,9 | 3,0 | 3,7 | 3,7 | 3,8 | 3,8 | 4,1 | 2,8 | 4,1 |
| 2001 | 2,0 | 1,7 | 2,5 | 1,8 | 2,2 | 2,2 | 1,0 | 0,4 | 1,4 |
| 2002 | 1,1 | 0,0 | 2,5 | 0,2 | 1,2 | 1,4 | 1,8 | 0,1 | 1,7 |
| 2003 | 0,8 | -0,7 | 3,3 | 0,2 | 1,1 | 1,3 | 2,8 | 1,5 | 2,1 |
| 2004 | 2,8 | 1,2 | 2,4 | 1,6 | 2,3 | 2,5 | 3,8 | 2,2 | 3,3 |
| 2005 | 1,6 | 0,7 | 3,1 | 0,9 | 1,9 | 2,1 | 3,3 | 1,7 | 2,8 |
| 2006 | 2,4 | 3,7 | 2,5 | 2,0 | 3,1 | 3,3 | 2,7 | 1,4 | 3,1 |
| 2007 | 2,4 | 3,3 | 2,4 | 1,5 | 2,8 | 3,0 | 1,8 | 1,7 | 2,6 |
| 2008 | 0,2 | 1,1 | -0,5 | -1,1 | 0,2 | 0,4 | -0,3 | -1,1 | 0,2 |
| 2009 | -2,9 | -5,6 | -4,2 | -5,5 | -4,4 | -4,3 | -2,8 | -5,4 | -3,5 |
| 2010 | 2,0 | 4,1 | 1,7 | 1,7 | 2,1 | 2,1 | 2,5 | 4,2 | 3,0 |
| 2011 | 2,1 | 3,7 | 1,5 | 0,6 | 1,5 | 1,7 | 1,6 | -0,1 | 2,0 |
| 2012 | 0,2 | 0,5 | 1,5 | -2,8 | -0,6 | -0,4 | 2,2 | 1,5 | 1,3 |
| 2013 | 0,6 | 0,5 | 2,1 | -1,7 | 0,1 | 0,3 | 1,7 | 2,0 | 1,5 |
| 2014 | 0,9 | 1,9 | 3,1 | 0,1 | 1,6 | 1,8 | 2,6 | 0,3 | 2,2 |
| 2015 | 1,1 | 1,7 | 2,3 | 1,0 | 2,2 | 2,3 | 2,9 | 1,2 | 2,5 |
| 2016 p | 1,2 | 1,9 | 1,8 | 0,9 | 1,8 | 1,9 | 1,5 | 1,0 | 1,8 |
| 2017 p | 1,8 | 2,5 | 1,5 | 1,6 | - | - | 2,2 | 1,5 | 2,4 |
| 2018 p | 1,8 | 2,3 | 1,2 | 1,5 | - | - | 2,5 | 1,2 | 2,4 |

Source : OCDE

### 4.2. Les créanciers privés : les banques

Par la réduction du spread, au début de la crise d'endettement, les banques privées ne perdaient pas grand 'chose, puisqu'elles engrangeaient toujours des gains même s'ils étaient moindres. De plus, le provisionnement pour créances douteuses sur les dettes des pays pauvres très endettés, était sans risque ; il leur permettait d'assainir leurs portefeuilles et d'obtenir des gains en ne payant pas d'impôt sur ce provisionnement ; elles n'engageaient aucun coût marginal (ou supplémentaire) à passer les écritures pour l'opération de provisionnement.

Si les opérations de conversion de dettes comportaient une certaine perte, par la décote appliquée, elles permettaient aux détenteurs de créances de ne pas perdre totalement ; il valait mieux perte en partie que totalement.

À la vérité, en considérant les différentes opérations de protection des banques privées face à la crise, on peut affirmer qu'elles n'avaient pas perdu grand 'chose - si perte il y a eu - parce qu'aucune d'elles n'étaient menacée de faillite consécutive aux mécanismes de règlement de la crise de l'endettement.

### 4.3. Les pays débiteurs

Dans le déclenchement de la crise et les mécanismes, stratégies et programmes d'allégement de la dette, tels que nous les avons exposés, les pays pauvres très endettés concernés avaient à gagner à tout point de vue, grâce au desserrement de l'étau financier qui semblait, au départ, les asphyxier. Du moratoire à l'effacement substantiel (à 90%), en passant par le moratoire, le défaut de paiement, le rééchelonnement, les conversions de dettes et les rachats (de leurs propres dettes avec décote), ils ont toujours bénéficié de traitements de faveur qui n'étaient pas initialement prévus dans les dispositions contractuelles. Mais, le plus grand avantage que les pays pauvres ont tiré, c'est le financement de leurs économies par l'Occident et les multinationales privées et publiques, à très moindres coûts, presque gratuitement, à la suite des différents mécanismes, stratégies et programmes d'allégement de leurs dettes. Les tenants de la théorie du surplus extravertis de la Périphérie vers le Centre (Raul Prebisch,1950 ; Paul Baran,1957 ; Samir Amin,1957,1970 ; Arghiri Emmanuel,1969 ; Celso Furtado,1964 ; Olsvaldo Sunkel,1966 ; et André Gunder Frank ,1966,1967,1975) qui sont en vie( Dieu soit loué), se sont - sans aucun doute - réjouis qu'une partie du surplus extraverti des pays en développement vers l'Occident, leur soit ainsi rétrocédée ; le professeur Joseph Tchundjang (1975) aurait parlé de rattrapage de revenu ; l'annulation d'une partie substantielle de la dette des pays du Tiers-monde, autrefois surexploités par le Centre, n'est rien d'autre que la rétrocession et la récupération par la Périphérie, d'une infime partie du surplus de richesse extraverti dont l'Occident a tiré et continue de tirer profit, à cause du fonctionnement biaisé du système économique mondial. Pour nous, il s'agit d'un retour partiel et momentané à la rationalité économique après tant de temps perdu.

Les financements extérieurs, privés et publics, de surcroit, n'ont jamais provoqué de véritable faillite financière chez les pays débiteurs très endettés, malgré leur niveau d'endettement jugé excessif, par référence aux instruments d'appréciation traditionnels, ce qui relève d'un certain paradoxe. Paradoxe aussi quand, en période d'allégement continu de dette, ces pays pauvres dits très endettés, continuent de s'endetter ; paradoxe enfin, quand les pays créanciers, développés et donateurs, naguère donneurs de leçon en matière d'endettement, sont devenus les pays les plus endettés au monde (cf. tableau n° 7, relatif aux 19 pays les plus endettés du monde). On peut, alors, objectivement dire « qu'il n'y a pas de paradoxe » (Joseph Tchundjang, 1980), mais des malentendus, à propos de la notion de l'endettement excessif. Le nouveau concept d'optimalisation de la dette que nous avons introduit permet de lever toute équivoque et de dissiper tous les malentendus sur le rôle de l'endettement.

En effet, l'endettement, tel que nous l'avons démontré, antérieurement, comme capital emprunté et réinvesti rationnellement, est plutôt un facteur de production, donc de développement économique. On retrouve donc son rôle de facteur contributif à la reconstruction de l'Europe dévastée par la Seconde Guerre mondiale. L'endettement de l'Afrique, tant décrié ou craint, est un mythe, et non une réalité tant du point de vue de la rationalité économique qu'empirique. L'Afrique, comme toutes les autres parties du monde en développement, peut et doit d'endetter, mais de façon optimale, pour accroitre les ressources de financement pour son développement ; l'endettement est, pour un pays, une source de financement, à la fois, alternative et/ou complémentaire indispensable. Les pays développés autant que les pays sous-développés bataillent aujourd'hui, pour attirer les capitaux étrangers (cf. tableau n° 13, des pays les plus attractifs du monde, ci-après) et s'endettent autant, sinon plus que les pays sous-développés (comme le montre si bien le tableau n° 7, relatif à l'endettement des 19 pays les plus endettés du monde) parce que, justement, ils en tirent grand profit pour leurs économies. En effet, parmi les huit pays les plus attractifs du monde en 2016, il y a sept pays développés (Allemagne, Australie, Canada, États-Unis, Hollande et Suisse) et un seul pays en voie de développement (Singapour). Par contre, sur les dix-neuf pays les plus endettés du monde, en 2017, dix sont des pays développés (Belgique, Canada, France, Espagne, États-Unis, Grèce, Irlande, Italie, Portugal, Japon) et neuf sont des pays en développement (Barbade, Bhoutan, Cap Vert, Chypre, Gambie, Jamaïque, Jordanie, Liban, Singapour).

Tableau n° 13. Les 8 pays le plus attractifs du **monde en** 2016

| Pays | Etats-Unis | Allemagne | Canada | Australie | Singapour | Espagne | Hollande | Suisse |
|---|---|---|---|---|---|---|---|---|
| Rang | 1 | 2 | 3 | 4 | 5 | 6 | 7 | 8 |

Imposer donc des critères de solvabilité, de surcroit erronés ou fragiles, aux pays africains, c'est les retarder sur le chemin du développement économique en les privant d'une source de financement additionnelle et importante pour leur développement, pourtant abondante, sur le marché international. L'Afrique doit absolument sortir maintenant de cette trappe dans laquelle elle a été prise depuis trop longtemps.

### 4.4. L'endettement, comme instrument de mondialisation

L'endettement est, sans aucun doute, un facteur de mondialisation qui participe de la globalisation de toutes les économies du monde. Il permet, aux créanciers privés et publics (surtout) de l'Occident, de faire intégrer les pays en développement dans le système de production mondiale, sans grand risque, donc à leur avantage, de façon globale. Face à la crise de l'endettement des pays pauvres des années 1980-2000, ils ne pouvaient que chercher des palliatifs pour la résoudre au mieux. En continuant de prêter aux pays très endettés de la Périphérie en difficulté de remboursement, ils maintenaient un élément de la mondialisation qu'il fallait à tout prix entretenir. Mais, les pays du Tiers-monde avaient aussi compris que les différents mécanismes d'allégement de leurs dettes, leur étaient tout aussi profitables, pourvu qu'ils acceptassent de jouer le jeu. Mieux, ils bénéficiaient presque gratuitement de financements extérieurs, avec l'avantage de continuer à emprunter.

L'endettement est également un moyen de réduire les inégalités entre le Centre, prospère et la Périphérie qui croule sous le poids de la pauvreté. Or, même si le débat sur la corrélation entre les inégalités et la croissance économique n'est pas totalement tranché, Kuznets (1950), Alessina et Rodrik (1994) et Clark (1995) ont, dans leurs études, conclu que les inégalités sont négativement corrélées à la croissance dans un pays, quand Forbes (2010) souligne, qu'à court et moyen termes, un accroissement de l'inégalité produit un effet positif sur la croissance économique.

Deininger et Squire1998), eux, nuancent quelque peu en relevant :

- une forte relation entre croissance économique à long terme et inégalité initiale du revenu et de la propriété foncière ;

- une corrélation négative entre l'inégalité et le revenu, pour les pauvres ;

- une absence d'impact négatif de la croissance économique sur les inégalités, contrairement à la thèse de Kuznets (1950) ;

- l'impact positif des politiques publiques sur l'économie, en impactant doublement l'augmentation de la croissance et la réduction de la pauvreté.

Barro (2000) trouve peu ou pas d'impact de l'inégalité (mesurée par la méthode de Gini) sur la croissance économique. Toutefois, il assure « qu'une inégalité pourrait retarder la croissance économique dans les pays pauvres (ayant un PIB par tête de moins de de 2000 dollars américains par an) et l'encourager dans les pays développés (avec plus de 2000 dollars américains par an) ».

Castelo (2010) conclut « à un effet négatif de l'inégalité de revenu et de capital humain sur la croissance économique, dans les pays à bas revenu, effet qui disparait ou devient positif dans les pays à haut revenu, sans toutefois être robuste ».

Ostry et al (2014) soutiennent : « un niveau bas de l'inégalité est corrélé, de façon robuste, à une croissance économique plus rapide et durable, pour un niveau donné de redistribution ; les pays à fortes inégalités ont tendance à distribuer davantage, mais la distribution n'a d'effet sur la croissance économique que dans des cas extrêmes ». Toutefois, ils affirment que, par combinaison, ses effets directs et indirects, à travers la baisse des inégalités, la distribution, en moyenne, impacte positivement la croissance économique.

De toute cette revue de la théorie économique sur le sujet, on peut dire que, de façon générale, il existe une corrélation négative entre les inégalités et la croissance économique dans les pays en développement.

Quand on prend en compte les mécanismes de la mondialisation des économies nationales, on aboutit à un espace économique unique et mondial, avec des inégalités entre ses différentes régions, c'est-à-dire, le Centre, à haut revenu et la Périphérie, à bas revenu. Dans cette économie mondiale, les inégalités sont corrélées négativement à la croissance économique dans sa partie Périphérie, et positivement, dans sa partie Centre, par référence aux différentes théories économiques que nous venons juste d'évoquer. Cela est d'autant plus vrai que les pays développés (Centre) tirent avantage du surplus extraverti des économies des pays en voie de développement (Périphérie) depuis la colonisation jusqu'à nos jours (Raul Prebisch, 1950 ; Paul Baran, 1957 ; Samir Amin, 1957 et 1970 ; Celso Furtado, 1964 ; Osvaldo Sunket, 1964 ; André Gunder Frank, 1966,1967, 1975 ; Arghiri Emmanuel,1969). Or, nous avons démontré que l'endettement international contribue à la croissance économique, donc à la réduction des inégalités dans les pays en développement. Par extension, elle réduit aussi les inégalités entre les pays développés et les pays en voie de développement. Il existe donc une corrélation entre l'endettement international et la croissance économique mondiale.

Par conséquent, l'endettement international, en réduisant les inégalités entre le centre et la périphérie, contribue à augmenter le PIB mondial, c'est-à-dire la production mondiale. Ici, on fait l'hypothèse que le PIB, pour refléter réellement la création de richesse, est calculé sous forme de moyenne géométrique des différentes contributions des trois secteurs d'activité dans l'économie.

Or, le PIB est la somme de toutes les valeurs ajoutées(VA) créées dans un pays, au cours d'une période donnée, généralement, au cours d'une année :

$$PIB = \sum V A$$

La logique du progrès social, par l'acquisition de richesses (VA) et l'amélioration du bien-être des populations, commande que le PIB de l'année T + 2 soit supérieur à celui de l'année T+1 (l'année antérieure). Mais, tel n'est pas toujours le cas lorsque le taux de croissance du PIB, g est négatif ou nul.

Mais, les PIB, par définition et par essence, est toujours positif. Seule sa variation d'une année à l'autre ou sur une période de temps donnée, peut être négative ou positive.

$PIB_m = Y_m = \sum( VA)_m$ = le PIB mondiale

$PIB_c = Y_c = \sum(VA)_C$ = le PIB du Centre

$PIB_p \quad = Y_p = \sum(VA)_p$ = le PIB de la Périphérie

$Y_m \quad = \sum (VA)_c + \sum(VA)_p = Y_p + Y_P$

Si $Y_p + Y_C > 0$, alors $Y_m > 0$.

En nous situant au niveau de la production mondiale, le surplus extraverti de la Périphérie transféré vers le Centre, constitue un gain communautaire interne au même espace économique, qui, dans ce cas précis, est unique pour toutes les économies des deux régions (Centre et Périphérie) qui constituent l'économie mondiale.

Avec l'hypothèse proche de la réalité que le Centre et la Périphérie constituent une zone monétaire, ayant comme monnaie commune, le dollar (devise de paiement internationale depuis Bretton Wood en 1944), on peut, objectivement, argumenter en faveur des externalités positives que la théorie de la zone monétaire optimale préconise pour les États-membres d'une telle union. C'est tout comme, puisque le dollar est la devise utilisée très largement (65% environ) dans les opérations et transactions financières internationales. Sauf que le dollar, moyen de paiement international, n'est pas la monnaie commune (common currency) de notre virtuelle zone monétaire à l'échelle mondiale, et que son usage comporte des coûts et des risques (coûts de transaction et de change, volatilité des taux de change, etc.) qu'une zone monétaire réelle n'aurait pas engendrés (cf. *Zones monétaires et développement économique en Afrique* de S.A. Djelhi Yahot, édition l'Harmattan, octobre 2019, Paris).

Mais, poser la question de la création d'une zone monétaire unique à l'échelle mondiale, avec le dollar comme monnaie commune, ne sort pas du tout du champs scientifique, du moins du point de vue de la rationalité économique même si l'idée semble utopique pour les profanes en économie: en fait, c'est élargir, à quelque chose près, les thèses des zones monétaires élargies du groupe des sept pays les plus industrialisés de Edison et al( 1987), mais surtout, celles relatives aux zones monétaires de trois blocs à l'échelle mondiale de McKinnon( 1988) ; nous traitons, justement et à fond, le sujet dans notre livre intitulé : *la théorie de la zone monétaire mondiale, publié en 2020,* chez l'harmattan, Paris )

Mais, revenons à notre sujet principal du moment pour relever les effets du multiplicateur keynésien et de crédit engendrés par l'endettement international dans les économies de la Périphérie, qui ont dû être plus ou moins significatifs, et qui auraient été à l'optimum si l'endettement avait été réinvesti dans des projets rentables (conformément à la notion de rendement optimal de la dette) dans le respect de l'efficacité économique.

Tout compte fait, tout le monde était et est gagnant dans l'endettement international. C'est la raison fondamentale pour laquelle, les pays créanciers s'endettent très fortement depuis le début des années 2010 et les pays débiteurs ont repris le pli de s'endetter, car du point de vue de la rationalité économique, on n'arrête pas une activité économique qui est rentable.

# CONCLUSION GÉNÉRALE

Les effets dévastateurs du supposé surendettement international des pays en voie de développement très endettés, que tout le monde craignait tant, n'ont finalement pas eu lieu tant du côté des pays débiteurs de la Périphérie que des créanciers privés et publics du Centre. Les pays débiteurs du Tiers-monde bénéficiant de mécanismes successifs d'allégement de leurs dettes, avec conditionnalités des institutions de Bretton Woods, ont pu résister et éviter le désastre financier ; mais, ils ont recommencé à se ré-endetter depuis les années 2000 ; au même moment, les pays créanciers de l'Occident, eux aussi, s'endettent fortement, sans conditions draconiennes à remplir ni application de programmes de réduction de dette. L'ambiguïté ou la fragilité des mécanismes traditionnels de l'allégement de la dette, apparaissent au grand jour, malgré l'effacement très significatif d'une partie de la dette internationale contractée par les pays pauvres dits très endettés. On redécouvre donc les vertus de l'endettement international aussi bien chez les « Développés » que chez les « Sous-développés ».

Point n'est d'ailleurs besoin d'être nécessairement un économiste averti pour comprendre que les conditions et les ratios imposés aux pays en développement très endettés, à travers les mécanismes, stratégies et programmes d'allégement de leurs dettes ne sont pas rationnels ou -tout au moins - posent problème : il suffit simplement de consulter les chiffres en la matière pour constater que les pays développés qui font partie des créanciers publics des pays en développement, s'endettent aujourd'hui au même titre, parfois plus, que les pays débiteurs de la Périphérie dont l'endettement était naguère décrié. La raison ? Elle est simple : ils redécouvrent que l'endettement est source de financement pour l'économie nationale ; l'histoire des nations (Plan Marshall) et les faits économiques (l'endettement actuel des pays) le montrent bien ; mieux, la rationalité économique telle que nous l'avons exposée, explique que, tant que l'endettement international d'un pays est alloué à des programmes et projets de développement rentables, dans des conditions optimales, il contribue significativement au développement économique de ce pays ; Le président Houphouët qui avait, pour objectif fondamental, le développement de son pays (la Côte d'Ivoire), le savait et voulait, autant que possible, en tirer profit pour son pays. D'où les instructions données à son ministre de l'Économie et des Finances de l'époque, pour continuer à rechercher des financements extérieurs, malgré le soi-disant taux d'endettement déjà élevé du pays (taux qui ne reflète d'ailleurs pas la réalité économique, comme nous l'avons exposé).

Les conditions d'optimalisation de l'endettement, déterminées par le rendement optimal de la dette, tel que nous l'avons élaboré dans ce livre, permettent, à tout pays d'emprunter autant que possible, sans risque de défaut de paiement ni difficulté financière ni exposition à des externalités négatives. Le rendement optimal de la dette, une simple équation d'inégalité entre taux de rendement de la dette à investir (absolument) et taux d'intérêt débiteur de la dette contractée que les pays africains pourraient aisément appliquer, est indéniablement un instrument de rentabilisation efficace de l'endettement, sans restriction sur son montant et son origine ni sur son taux par rapport aux agrégats économiques, notamment le PIB et les exportations). Il est simple, mais économiquement rationnel, par comparaison avec les ratios et conditions traditionnels auxquels les pays pauvres très endettés sont d'ordinaire soumis, dans les programmes d'allégement de leurs dettes.

Or, après l'effacement substantiel de leurs dettes (à 80%, puis à 90%), les pays pauvres très endettés reviennent progressivement à leur niveau d'endettement antérieur ou parfois plus. Les pays développés, naguère donneurs de leçon de bonne conduite en matière d'endettement, se sur-endettent, avec des résultats macroéconomiques sinon performants, du moins positifs. Les deux groupes de pays réalisent donc de bons résultats économiques pendant qu'ils s'endettent. C'est la preuve que la thérapie initiale est fausse et inefficace, le diagnostic erroné, et que le supposé mal pernicieux (l'endettement) est plutôt un facteur de croissance économique. Que de temps perdu ! que de coût d'opportunité enduré pour cause de mesures administratives non scientifiques adoptées et appliquées depuis bientôt quatre décennies (nous sommes en 2020), dans le domaine de l'économie, particulièrement en économie internationale ! Il est grand temps de faire usage maintenant de rationalité économique en appliquant le principe de rendement optimum de l'endettement international.

Abidjan, le 26 février 2020

## BIBLIOGRAPHIE


ABEL Andrew and BERNANKE Ben, 2005, Macroeconomics (5th edition), Pearson Addisson Westley

AETON Chelsea and GEROVITCH Albert, 1981, Debt with potential repudiation in *Review of Economic Studies, vol 48*

ALESINA, A ; et Perotti, R.,, 1996 « Income distribution, political instability and investment, in *European Economic Review*

AMIN, Samir, 1970, L'accumulation à l'échelle mondiale

AMIN Samir, 1973, Le développement inégal

ANDERSON, L.J., 2008, Inequality and public good provision: an experimental analysis », in *The Journal of socio-Economics*

ANDERSON James, 2009, Gravity, productivity and pattern of production and trade.

ANDERSON James, 2002, Insecurity and the pattern of trade: an empirical investigation in *Review of Economics and Statistics, vol.84*

BALASSA, A. Bela, 1965, Comparative advantage trade policy and economic Development

BALASSA. Bela, 1989, Trade in liberalization and revealed comparative Advantage, in *Manchester Scholl, vol.33*

BALDANI, Jeffrey, BRADFELD, James, and TERNER Robert, 2005, Mathematical Economics, Thomson South – Western edition.

BOWEN Harry, LEARNER Edward et SVEIKAUSKAS Leo, 1987, Multicounty tests of the factor abundance theory in *American Economic Review, 77, P794-809*

BALIBWANABO Makutubu André et TEDIKA Oasis K., 2011, Loi d'Okun en République Démocratique du Congo: évidence empirique, in *Revue Congolaise d'Économie, vol. 6 p19-41*

BARRO, R., and SALA-I-MARTIN, Economic Growth

BARRO, R., 2000, Inequality and growth in a panel of countries

BERNANKE, Ben, 2013, Monetary Policy and the Global Economy, Board of the FED

BHAGWATI Jagdish, 1966, The Economy of the underdeveloped countries

BHAGWATI Jagdish, 1998, A stream of windows: unsettling reflections on trade, immigration, and democracy, *MIT Press*

BRASSEUL, J., et LAVRARD, C., 2016, Économie du développement, éditions Armand Colin

BUCHANAN, J. and TULLOCK, G., 1972, The theory of public choice, in *University of Michigan Press*

BERGSTRAND Jeffrey, 1985, The gravity equation in international trade: some macroeconomic foundations and empirical evidence in *The Review of Economics and Statistics 67(3) p474-481*

CLARKE, G., 1995, "More evidence on income distribution and growth», in *Journal of Economic Development*

Coller, P., Hoeffler, A. et Pattillo, 2001, « Flight capitalas a portfolio choice » in *The world Bank Economic Review 15, P55-88*

COLMANT, 2008, Présentation fiscale et économique du système belge, quelle Fiscalité pour le capital à risque ?

CUDDINGTON, J., 1986, « Capital flight: estimates, issues, and explanations in *Princeton Studies in International Finance », n° 58.*

DEININGER, K.,et SQUIRE, L., 1998, " New ways of looking at old issues Inequality and growth*", in Journal of Development Economics*

DEMBRINSKI, Paul, 1989, *L'endettement international, Presse Universitaire de France*

DEPPLER, M. and WILLIAMS, M., 1987, « Capital flights, conception, Measurement and issues *», in Staff studies for the World Economic Outlook, IMF Pap*

DJELHI-YAHOT, S.A., 2017, Gouvernance en Afrique : la théorie générale de la gouvernance économique, éditions Harmattan, Paris ;

DJELHI-YAHOT, S.A.,2019, Zones Monétaires et Développement économique en Afrique, éditions Harmattan, Paris.

DJELHI –YAHOT, S.A., 2019, *Croissance économique sans Développement en Afrique : la théorie de la croissance économique optimale*, éditions l'Harmattan, Paris.

DOOLEY, M.P., 1988, « Capital flight: a response to differences in risk », in *IMF Staff paper*

FROBES, K., 2000, a reassessment of the relationship between inequality, and growth, in *American Economic Review*

EMMANUEL, Arghiri, 1969, L'échange inégal, éditions Maspéro

ENDREWS, David, Boote,Antoni, RISAVIi,S. et SINGH,S., ; ; ; , *Allégement de la dette des pays à faible revenu.*

FLEMING Marcus, 1962, Domestic financial policies under fixed and floating exchange rates, *in IMF Staff Paper*

FRANKEL Jeffery, 1997, A regional trading blocks in the world economic system, Washington Institute of international Economics

FEDDERKE, J.W., and LEE, W., Modeling the determinants of Capital flow and Capital flight: with an application to South african data from 1965 to 1995, in *Economic Modeling 19, n° 3, P419-444*

FORBES, K. J., and WARNOCK, 2012, « Capital flow waves: surges, stops, fligth and retrenchment in *Journal of International Economics 88, no 2, p235-251*

*FRIEDMAN Milton, 1956, Studies in the quantity theory of money.*

*FRIEDMAN Milton, 1908, Free to choose.*

FURTADO, Celso, 1970, Théorie du développement économique, PUF

GUSAROVA, 2009, The impact of capital flight on economic growth.

GORDON Robert 2016, The rise and the fall of American growth: the US standard of living since the civil war in *Princeton University Press*

GROSSMAN, M., and HELPMAN, E., 1991, "Globalization and growth

GROSSMAN, M. and HELPMAN, E., 1994, Endogenous innovation in the theory of Growth in *Journal of Economic Prospective, vol.8, issue1, P23-4*

HIRSCHMAN Albert, 1969, The strategy of economic development. Accelerating investment in developing economies, *in London Oxford Press*

KUZNETS S., 1950, Relation between growth and inequality

LAIXHAY, Pablo, L'endettement des pays dits en voie de développement, un exemple: le Burkina Faso

LE and ZAK, 2006, Political risk and capital flight in Asian countries

LE NOUVEAU REVEIL, 2019, « Infrastructures économiques : routes, un audit révèle des défaillances », n° 5227 du 25 juillet 2019 in *Journal of International Money and Finance 25, P308-329*

MELTZER, A., et RICHARD, S., 1981, A rational theory of the size of Government in *Journal of Political Economy*

MYRDAL, G., 1968, Asian Drama: an inquiry into the poverty of nations

Ndikumana, L., et Boyce J. K., 2011, « Capital flight from Sub-Saharan Africa: Linkages with external borrowing and policy options International in *Review of Applied Economics 25, P149-170*

NURKSE Ragnar, 1961, Equilibrium and growth in the world

OCDE, 2012, Peut-on à la fois réduire les inégalités de revenue et stimuler la croissance, in *Reformes économiques*

OKUN Arthur, *1962, Potential GNP: its measurement and significance, American statistical Association, Proceedings of Business and Economics section, p98-103*

*PAUL Streeten, 1961, Unbalanced growth, Economic integration*

PAUL Streeten, 1969, Accelerating investment in developing economies in *Oxford University Press*

PEREZ, M.F., Brada, J.C., et Drabek, Z., Illicit money flows as motives for FDI in *Journal of comparative Economics, 40, P108-126*

PEROTTI, R., 1996, "Growth, income distribution and democracy: what the Data say ? in *Journal of Economic Growth*

PERSON, T., et TABELLINI, G., 1994, "Is inequality harmful for growth? in Américan *Economic Review, 84.*

REINHART, C., ROGOFF, K., and SAVASTANO, M., 2003, "Debt intolerance n *NBER Working Paper*

RODRIK, D., 1999, Where did all the growth go? External chocks, Social Conflict, and growth collapses in The Journal of Economic Growth, 4(4)

ROMER, P., 1986, Increasing returns and long run growth in *Journal of Political Economy.*

ROMER Paul, 1990, Endogenous Technology change in *Journal of Political Economy*

ROSTOW, W.W., 1960, The stages of Economic growth

RUEF, J., A dollar reserve system as a transitional solution *in Princeton University Press.*

SOLOW, R., 1956, A contribution to the theory of Economic growth in *Quarterly Journal of Economics*

SOLOW Robert, 1957, Technical change and the aggregate production function in *Review of Economics and Statistics*

SOLOW, R 2000, some macroeconomics for the 21 the century in *Journal of Economic Perspectives 41*

STIGLITZ, J., 2012, the price of inequality, the links that free

SUMMERS, L., 2014, "US Economic prospects: Secular Stagnation, Hysteresis, and the zero lower Bound", in *Business Economics*

TAYLOR, John, 1998, Principles of macroeconomics, Houghton Mifflin Company.

TAYLOR, John, 1998, Principles of macroeconomics, Houghton Mifflin Company

TAYLOR, Lance, 1983, Structuralist macroeconomics: applicable models for the Third World.

TING Yee Ngoo et LONG Loi Siew, 2010, Okun's law in Malesia: An autogressive distributed lag (ARDL) approach with Hodrik-Prescott filter, in *Presentation schedule international Conference on business and Economic Research*

TCHUNDJANG POUEMI, Joseph, 1975, À la recherché du temps perdu dans les relations internationales, *Revue internationale des sciences socials*

TCHUNDJANG POUEMI Joseph, 1980, Monnaie, servitude et liberté : la répression monétaire de l'Afrique, éditions JA

THE WALL STREET JOURNAL du 12 janvier 2018, Declaration de Paul Romer sur la méthode biaisée de la Banque mondiale sur le Chili dans « Doing Business »

VERNON Raymond, 1966, International investment and international trade in the product cycle *in Quarterly Journal of Economics, vol.80, p190-297*

WORLD BANK, 2018, World Economic Outlook

# ANNEXE

L'endettement des pays dits en voie de développement. Un exemple : le Burkina Faso

28 décembre 2017 par **Pablo Laixhay**

**Sommaire**



1. Les acteurs du financement international

En matière d'endettement du Tiers-monde, les principales institutions concernées sont la *Banque mondiale* (BM) et le *Fonds monétaire international* (FMI). Il n'est pas inutile d'évoquer également le *Club de Paris* qui rassemble un groupe de pays créanciers, jouant un rôle prépondérant en tant que détenteur d'importantes *créances* sur l'Afrique, d'une part, et le *Club de Londres* qui rassemble les principales banques créancières, d'autre part.

1.1. La Banque mondiale (BM)

1.1.1. Description

La Banque mondiale est l'une des institutions économiques les plus influentes de la planète. Le Groupe Banque mondiale, qui se définit officiellement comme « une source essentielle d'appui financier et technique pour les pays en développement du monde entier », poursuit deux objectifs : « mettre fin à l'extrême pauvreté en l'espace d'une génération et promouvoir une prospérité partagée ». Elle caractérise son *action* de la manière suivante : il s'agit « d'un partenariat sans équivalent voué à réduire la pauvreté et à appuyer le développement. (…) Nous accordons aux pays en développement des prêts assortis de faibles *taux d'intérêt*, des crédits sans intérêts ou encore des dons. Ces financements sont destinés à appuyer des investissements dans un vaste éventail de secteurs : éducation, santé, administration publique, infrastructure, développement du secteur financier et du secteur privé, agriculture, gestion de l'environnement et des ressources naturelles, etc. ». [1] La mission première de cette banque est donc de combattre les inégalités et la pauvreté à travers le monde en promouvant le développement. Intéressons-nous de plus près à cette institution développementaliste.

### 1.1.2. Genèse

La Banque mondiale fut créée (avec le Fonds monétaire international) en 1944 durant la Conférence monétaire et financière des Nations unies à Bretton Woods dans le New Hampshire. L'objectif était de dessiner les grandes lignes de l'économie mondiale d'après-guerre. Durant cette conférence, les négociations furent dirigées par les délégations britannique et américaine. L'Union soviétique, obtenant la 3e place en termes de vote, ne ratifiera pas les accords finaux et dénoncera, en 1947, à l'assemblée de l'ONU, les institutions créées à Bretton Woods comme des « filiales de Wall Street ». Pour le représentant soviétique, la Banque mondiale était « subordonnée à des objectifs politiques qui en font un instrument d'une seule grande puissance [2] ».
Lors de la création de la Banque mondiale, les États-Unis et le Royaume-Uni totalisaient près de la moitié des voix à eux seuls, vu le fait que le droit de vote au sein de cette institution est défini en fonction du soutien économique respectif de chaque pays.

Ainsi, en 1947, les États-Unis, avec plus de 35 % des droits de vote, sont le seul pays à disposer d'un droit de veto sur les décisions prises, alors que l'ensemble du continent africain n'en dispose que 2,34 % et le continent asiatique 11,66 % [3].

### 1.1.3. Évolution

À l'inverse de l'actionnaire d'une société, les États membres ne peuvent pas choisir librement d'augmenter leur quote-part en participant davantage, ce qui maintient la situation de départ. Néanmoins, la répartition des votes évoluera au fil du temps.

**Évolution des droits de vote au FMI de 1945 à 2000 [4]**

| **Pays** | **1945** | **1981** | **2000** |
|---|---|---|---|
| *Pays industrialisés, dont :* | 67,5 | 60,0 | 63,7 |
| États-Unis | 32,0 | 20,0 | 17,7 |
| Japon | | 4,0 | 6,3 |
| Allemagne | | 5,1 | 6,2 |
| France | 5,9 | 4,6 | 5,1 |
| Royaume-Uni | 15,3 | 7,0 | 5,1 |
| *Pays pétroliers, dont :* | 1,4 | 9,3 | 7,0 |
| Arabie saoudite | | 3,5 | 3,3 |
| *PED, dont :* | 31,1 | 30,7 | 29,3 |
| Russie | | | 2,8 |
| Chine | 7,2 | 3,0 | 2,2 |
| Inde | 5,0 | 2,8 | 2,0 |
| Brésil | 2,0 | 1,6 | 1,4 |

La Banque mondiale comprend également un conseil d'administration composé de 25 représentants. Chacun représente un État ou un groupe d'États. Huit pays ont le privilège d'avoir un représentant qui leur est assigné, à savoir le Japon, les États-Unis, la France, le Royaume-Uni, l'Allemagne, l'Arabie saoudite, la Chine et la Russie. Les 16 membres restants représentent des groupes plus ou moins larges de pays. Par exemple, le représentant espagnol est également le représentant de l'Amérique du Sud.

Le but initial de la Banque mondiale était de favoriser la reconstruction et le développement économique des pays les plus touchés par la guerre, c'est-à-dire les pays d'Europe, ainsi que de favoriser le multilatéralisme et la coopération économique.

Cependant, le *Plan Marshall* [5], signé en 1947, se voit assigné la même mission en prévoyant le transfert de 13 milliards de dollars de l'époque — ce qui représente approximativement 100 milliards de dollars en 2012— vers l'Europe. La BM se consacre alors à la réalisation d'un autre objectif, celui de favoriser la croissance économique et le développement des pays du Sud. Elle se compare ainsi à « une coopérative, dans laquelle les actionnaires sont ses 189 pays membres » [6].

### 1.1.4. Structure

La Banque mondiale est divisée en cinq organisations, d'où l'appellation « Groupe Banque mondiale » :

1) La Banque internationale pour la reconstruction et le développement (BIRD)
Principale institution du Groupe, son rôle, comme son nom l'indique, est de fournir des prêts et diverses assistances essentiellement aux pays en voie de développement. Elle

vise ainsi à réduire la pauvreté dans le monde, construire la prospérité et promouvoir la croissance mondiale [7].

2) L'Association internationale pour le développement (AID)

Fondée en 1960, elle s'est spécialisée dans l'octroi de prêts à très long terme et à taux d'intérêt très faibles en vue de financer le développement des pays les moins avancés (*PMA*). Pour ce faire, l'AID mobilise des fonds publics, issus directement de donations volontaires. « Cependant, les restrictions budgétaires et le refus de contribuer au fonds de l'AID de la part des pays développés limitent considérablement les crédits destinés aux pays les plus pauvres » [8].

3) La Société financière internationale (SFI)

Créée en 1956, c'est une institution adjointe à la Banque et qui est chargée de promouvoir l'investissement privé dans les pays pauvres. Elle octroie différents financements, principalement aux entreprises. Elle mobilise des fonds sur les marchés internationaux et s'occupe de conseiller et d'assister les gouvernements et le milieu des affaires.

4) Le Centre international pour le règlement des différends relatifs aux investissements (*CIRDI*)

Créé en 1966, le CIRDI s'occupe de régler les différends entre un investisseur et un État. Étant à la disposition de l'un et l'autre, il garantit, par le biais de procédures de conciliation, d'arbitrage ou de constatation, l'entente entre les deux parties et promeut ainsi les investissements internationaux [9].

5) L'Agence multilatérale de garantie des investissements (AMGI)

Sa mission est de promouvoir les investissements directs étrangers (*IDE*) dans les pays en voie de développement afin de supporter la croissance économique, la réduction de la pauvreté et l'amélioration de la qualité de vie des populations. [10].

### 1.1.5. Influence sur le développement

La Banque mondiale occupe une place prépondérante dans le développement et l'endettement des États puisqu'elle octroie des prêts aux autorités nationales en vue de financer des projets de développement. Mais ces prêts sont conditionnés à des réformes politiques et économiques, ce qui impacte le fonctionnement étatique des pays débiteurs. De plus, à partir de la crise de la *dette* au début des années 80, avec l'aide du Fonds monétaire international, elle participera à la mise en place de plans d'*ajustement structurel*, ce qui influencera profondément le développement des pays du Sud.

## 1.2. Le Fonds monétaire international (BM)

Institution sœur de la Banque mondiale, le FMI fut également créé lors la Conférence monétaire et financière des Nations unies tenue à Bretton Woods en 1944. Son rôle est d'assurer la stabilité financière internationale, faciliter la croissance équilibrée du commerce mondial, promouvoir la stabilité des changes, ainsi que mettre ses ressources à la disposition des pays confrontés à des difficultés de *balance des paiements*. Il intervient généralement en dernier recours. Il effectue alors des prêts aux pays « bénéficiaires » qui se font toujours en contrepartie d'accords qui dictent les mesures requises pour recevoir l'aide attendue. C'est ce qu'on appelle les plans d'ajustement structurel (PAS).

Son système de vote est comparable à celui de la BM, à savoir que des pays comme la Chine qui, en 2014 comptait 1,35 milliard d'habitants, détenait au même moment 3,8 % de droits de vote alors que les États-Unis, qui, à la même période comptaient un peu plus d'un milliard d'habitants en moins, en détenait 16,8 %, leur conférant, comme à la BM, un droit de veto.

Le FMI comprend également un conseil d'administration composé de 24 membres, parmi lesquels huit représentent un État, les mêmes pays qu'au sein de la Banque mondiale. La France et le Royaume-Uni ont d'ailleurs le même représentant à la Banque mondiale qu'au FMI, ce qui témoigne de la proximité entre les deux institutions. Les autres représentent donc des groupes de pays, le fonctionnement étant le même que pour la Banque mondiale.

Le FMI interviendra au côté de la Banque mondiale lors de la crise de la dette auprès des pays en développement. Chargé d'aider les pays en difficulté financière, le FMI leur octroiera des prêts accompagnés de conditionnalités — les plans d'ajustement structurel— servant à ramener la stabilité financière dans le pays bénéficiaire.

### 1.3. Le Club de Paris

Le Club de Paris se définit comme « un groupe informel de créanciers publics dont le rôle est de trouver des solutions coordonnées et durables aux difficultés de paiement de pays endettés. (…) C'est un acteur central dans la résolution des problèmes de dettes des pays en développement et émergents » [11]. Il est composé de 20 membres permanents [12], mais peut accueillir, au cas par cas et sous certaines conditions, d'autres pays créanciers au sein des réunions de négociations. Outre une majorité de pays européens, il compte parmi ses rangs l'Australie, le Brésil, le Canada, la Corée, les États-Unis, Israël, le Japon et la Russie.

Il fut créé en 1955, lorsque, suite au coup d'État en Argentine, le nouveau gouvernement, soucieux de réintégrer la communauté internationale, voulut rencontrer ses principaux créanciers afin de discuter du problème de sa dette. La rencontre se fit à Paris, et marqua le début du Club de Paris. Son secrétariat est d'ailleurs resté dans la capitale française, au sein du ministère français des Finances, à Bercy. [13]

Au fil des ans, le Club de Paris est devenu un acteur majeur, aux côtés du FMI et de la Banque mondiale, dans la gestion des créances envers les pays en développement. Le montant total des dettes traitées par ce club dépasse les 500 milliards de dollars. Il se présente comme une « non-institution » et n'a donc aucun statut ni reconnaissance officielle. Il a pourtant un poids considérable puisqu'il permet de représenter les pays créanciers tel un front uni face aux pays débiteurs. Ainsi, bien que ses consignes ne soient en rien contraignantes, ces derniers suivent rigoureusement chacune de ses recommandations.

### 1.4. Le Club de Londres

De la même manière que le Club de Paris rassemble en son sein les États créanciers des pays et entreprises du Sud, le Club de Londres réunit les banques privées créancières de ces mêmes pays. Ce groupe, souvent qualifié de commission consultative, se réunit à New York, Londres, Paris, Francfort, etc., et travaille étroitement avec le FMI. Il y fera d'ailleurs appel lorsqu'en 1982, les banques occidentales furent menacées par la crise de la dette.

## 2. Historique de l'endettement des PED

Une première période va de la conférence de Bretton Woods de 1944 jusqu'à la crise de la dette de 1982. Les pays du Sud, nouvellement indépendants, se sont retrouvés dans une situation d'endettement progressif qui culminera au début des années 1980. La seconde période, de 1982 aux années 2000, permet de vérifier le rôle des politiques d'ajustement structurel.

N.B : Sauf contre-indications, les chiffres présents dans ce travail sont issus de la Banque mondiale.

2.1. Période 1945 à 1982 : de la fin de la Seconde Guerre mondiale à la crise de la dette

Jusque dans les années 60, la Banque mondiale octroya de multiples prêts aux métropoles coloniales leur permettant d'investir dans leurs colonies et d'en extraire la ressource nécessaire à l'industrialisation du Nord. Ainsi, la Belgique, le Royaume-Uni ou encore la France disposèrent de prêts importants afin de financer des projets extractivistes dans leurs colonies respectives. Les historiens de la Banque mondiale affirment d'ailleurs : « Ces prêts qui servaient à alléger la pénurie de dollars des puissances coloniales européennes étaient largement destinés aux intérêts coloniaux, particulièrement dans le secteur minier, que ce soit par l'investissement direct ou l'aide indirecte, comme pour le développement du transport et des mines » [14].
Mais ces prêts avaient également pour but de permettre aux métropoles d'écouler leurs marchandises et de les réapprovisionner en dollars. À titre d'exemple, sur un prêt de 120 millions de dollars fait au Congo belge, 105 millions ont été dépensés en ressources exportées de Belgique et sont donc directement allés dans les caisses de la métropole.

Lorsque les colonies prirent leurs indépendances, à partir des années 1960, ces dettes leur ont été transférées. Ainsi, ces pays naquirent avec une charge financière : la dette coloniale. Leurs situations économiques ne leur permettaient pas de supporter le poids de ces crédits. Pour y faire face, ces jeunes pays ont alors dû contracter de nouveaux prêts auprès de leurs anciennes métropoles ou auprès des IFI afin de rembourser les anciens. C'est ce qu'on a appelé « le roulement de la dette ou roll-over [15] ». La machine de l'endettement était enclenchée. Au-delà de cette dette dite coloniale, le gonflement de la dette des pays du Sud tire son origine de plusieurs sources.

La première vient de ce qu'on appelle les « *eurodollars* ». Ceux-ci sont principalement issus du Plan Marshall, suite au transfert important d'argent des États-Unis vers l'Europe, d'où leur appellation. En raison de ce flux important d'argent, les banques occidentales regorgent de *liquidités* et cherchent alors à investir. Elles se tournent vers les anciennes colonies. Celles-ci étant pratiquement toutes dirigées par des proches des anciens pouvoirs coloniaux, il n'est pas difficile pour les banques privées européennes de les inciter à emprunter à faible taux d'intérêt [16]. En effet, comme l'indique Damien Millet dans son livre l'Afrique sans dette : « Dès avant la nomination des gouvernements des pays africains parvenus à l'indépendance, les anciennes métropoles tentent de placer au pouvoir les dirigeants susceptibles de servir leurs intérêts. Ainsi Felix Houphouët-Boigny, ancien ministre du gouvernement français devient le premier président de la Côte d'Ivoire. (…) Un scénario comparable se déroule au Sénégal avec Léopold Sédar Senghor, au Cameroun avec Ahmadou Ahidjo (…) en Haute-Volta (Burkina Faso) avec Maurice Yaméogo (…), etc. » [17].
La seconde source du gonflement de cette dette vient de ce qu'on appelle les *pétrodollars*. Ceux-ci sont issus du choc pétrolier de 1973. Après avoir diminué leurs productions dans l'optique de faire monter le prix du pétrole, les pays membres de l'*OPEP* placèrent à leur tour les bénéfices de cette manœuvre dans les banques privées d'Europe. De la même manière que pour les eurodollars, les pétrodollars dont regorgent les banques sont massivement prêtés au Sud.

Ces deux premières sources, eurodollars et pétrodollars, représentent la part privée de la dette. Les créanciers en sont les *banques commerciales*. Pratiquement inexistante au début des années 1960, la part privée de la dette a atteint 36 milliards de dollars en 1970 et 380 milliards en 1980 [18].
Le choc pétrolier de 1973 marqua la fin des Trente Glorieuses — période de prospérité économique qui a suivi la fin de la guerre et a duré presque 30 ans — et le début d'une crise économique mondiale qui durera officiellement deux ans. Ses effets en sont d'ailleurs toujours actuellement ressentis : chute de la croissance économique, faillites, crise économique et financière à répétition, hausse du taux de chômage, etc. [19] Durant cette crise, les gouvernements des pays du Nord, soucieux de maintenir leurs économies à flot, décidèrent d'augmenter le pouvoir d'achat des PED afin de susciter la demande et, ainsi, relancer leurs propres productions. S'en suivit alors une vague de crédits à l'exportation, aussi appelée « aide liée ». En d'autres mots, en échange d'un prêt, le pays « bénéficiaire » étaient tenu d'utiliser exclusivement les fonds perçus à l'acquisition de ressources en provenance du pays « donateur ». Ces prêts ne dépendaient donc pas des besoins du premier, mais bien des intérêts du second. Ils constituent la part bilatérale de la dette du Sud, ici les créanciers des PED en sont les États. Insignifiante au début des années 1960, la part bilatérale de la dette a atteint 26 milliards de dollars en 1970 et 103 milliards en 1980 [20].
La dernière source d'endettement est constituée de la part multilatérale de la dette, celle-ci aux institutions internationales comme le FMI et la BM. Elle prit une ampleur certaine sous la présidence de Robert McNamara à la Banque mondiale. Ainsi, entre 1968 et 1981, la Banque mondiale octroya plus de prêts que sur toute la période 1945-1968. Les PED furent fortement incités à contracter des prêts afin de financer leur développement, mais

également à financer les infrastructures nécessaires à l'exploitation et l'exportation de matières premières telles que des routes, des chemins de fer, des ports destinés à l'exploitation minière, etc. Tout comme le Plan Marshall, ces prêts servaient à « fidéliser » les pays bénéficiaires afin de contrer l'influence de l'URSS.

Joseph E. Stiglitz, économiste en chef de la Banque mondiale de 1997 à 1999, affirme même : « Dans de nombreux cas, les prêts étaient destinés à corrompre des gouvernements pendant la guerre froide. Le problème n'était pas alors de savoir si l'argent favorisait le bien-être du pays, mais s'il conduisait à une situation stable, étant donné les réalités géopolitiques mondiales. » [21]. En 1980, les dettes des PED envers la Banque mondiale s'élevaient à 32 milliards de dollars et les dettes envers le FMI à 12 milliards de dollars.
Notons que des parties importantes de ces montants furent détournées par les pouvoirs en place afin d'alimenter leurs fortunes personnelles ou pour consolider leur autorité sur les pays qu'ils dirigeaient. Par exemple, à la mort du Président Mobutu, la fortune de celui-ci s'élevait à près de 8 milliards de dollars, soit 2/3 de la dette de 12 milliards de dollars contractée par le Zaïre (Congo-Kinshasa) sous sa présidence.

Ces dettes contractées en dollars durent également être remboursées dans cette devise. Les créanciers n'avaient en effet rien à faire avec des devises faibles comme le franc CFA. Les pays débiteurs ont donc besoin de dollars. Ceux-ci furent alors amenés, par le biais de la Banque mondiale, à convertir leur système économique en système d'exportation : vendre des ressources notamment agricoles et minières sur le marché international afin de capter les devises nécessaires au remboursement. Ce que firent la majorité de ces pays en se spécialisant dans la production d'une ressource afin de la vendre en masse sur les marchés étrangers.

Il faut ensuite préciser que, poussés par le biais de diverses taxes et autres facteurs, ces pays furent encouragés à exporter des matières brutes, non transformées, laissant ainsi le monopole de la valeur ajoutée aux pays du Nord. Certains produits sont alors exportés tels quels vers les pays industrialisés, transformés, puis à nouveau exportés, plus chers bien entendu, vers les pays du Sud.

Ce fonctionnement créa immanquablement pour ces pays une double dépendance : d'abord envers les importations en provenance du Nord et ensuite vis-à-vis du cours des matières premières. Comme le précise Thierry Amougou [22] : « Les économies nationales de l'Afrique restent largement rentières et extraverties en augmentant ainsi leur dépendance extérieure. Comme les colonies, les nouveaux États indépendants sont restés de simples maillons dans la chaîne de production des économies métropolitaines sans connaître une croissance autonome basée sur une intégration au marché mondial, le développement d'un marché local et des structures productives capables de la soutenir » [23].
Jusqu'à la fin des années 70, cet endettement resta soutenable pour les pays du Sud. En raison de taux d'intérêt relativement faibles et du haut cours des matières premières sur le marché mondial, ce fonctionnement prédomina et offrit une relative « prospérité » aux PED. Cependant, la variation de ces deux facteurs va provoquer leur endettement exponentiel, ce qui aura de très lourdes conséquences. Proche de zéro lors de la vague d'indépendance des années 60, la dette des PED s'élevait en 1980 à près de 560 milliards de dollars.1 En 1982, face à un endettement qu'il ne pouvait plus gérer, le Mexique fut le premier pays à interrompre le remboursement de sa dette

et se déclara en cessation de paiement. Une grande partie des PED tels que l'Argentine, le Brésil, de nombreux pays africains et même des pays d'Europe de l'Est lui emboîtèrent le pas. C'est la crise de la dette, le tiers monde s'effondre et menace l'économie mondiale.

2.2. Période 1980 – 2000 : Crise de la dette et plans d'ajustement structurel

Deux facteurs sont principalement responsables de la dégradation de la situation.

1) Le choc sur les taux d'intérêt de 1979.

La FED, *banque centrale* des États-Unis, décida d'augmenter ses taux d'intérêt afin de faire redémarrer la machine économique, affaiblie suite au choc pétrolier. La majorité des prêts octroyés par les différentes banques et institutions étant des prêts à taux variables indexés sur le taux des États-Unis, tous les pays endettés virent leurs dettes se multiplier. Passant de l'ordre de 7-8 % d'intérêt à 14-15 % et ayant des effets immédiats, ce procédé provoqua, dans un laps de temps relativement court, une augmentation considérable des dettes.

| Année | Prime nominal | rate Réel | *Inflation* aux États-Unis |
|---|---|---|---|
| 1970 | 7,9 | 2 | 5,9 |
| 1973 | 8 | 1,8 | 6,2 |
| 1974 | 10,8 | -0,2 | 11 |
| 1979 | 12,7 | 1,4 | 11,3 |
| 1980 | 15,3 | 1,8 | 13,5 |
| 1982 | 14,9 | 8,7 | 6,7 |
| 1983 | 10,8 | 7,6 | 3,2 |
| 1990 | 10 | 4,6 | 5,4 |
| 1992 | 6,3 | 3,3 | 3 |
| 1994 | 7,7 | 5,1 | 2,6 |

Le tableau ci-dessus représente l'évolution des taux d'intérêt de la FED au fil des ans.

2) La chute du cours des matières premières. Selon les mécanismes de l'offre et de la demande, l'offre croissante d'un produit sur un marché qui voit la demande stagner entraîne inévitablement une chute de la valeur de ce produit. C'est donc en toute logique qu'en envoyant massivement les mêmes ressources (coton, cacao, sucre, minerais, etc.) sur les marchés mondiaux, les pays du Sud virent les prix

de leurs exportations chuter et, avec eux, leurs revenus. Ils augmentèrent donc leurs productions pour tenter de pallier au manque de revenus, dégradant ainsi davantage la situation. Par la même occasion, ces pays, qui avaient délaissé leurs cultures *vivrières* pour la *monoculture* et l'exportation de masse, se retrouvèrent d'autant plus dépendants des importations venant du Nord pour la consommation de biens de première nécessité.
Face à une augmentation considérable des sommes à rembourser combinée à la chute de leurs revenus, la plupart des pays du Tiers-monde ne peuvent plus assumer les remboursements. Cela crée un effet en chaÎne et provoque une crise de la dette.

Cette crise représentait un danger considérable pour les pays industrialisés. Leurs banques ayant prêté massivement aux pays en difficulté de paiement, elles étaient directement menacées par les cessations de paiement. Une faillite des banques aurait provoqué une onde de choc mondiale et aurait impacté la majorité des pays du Nord. À titre d'exemple, en 1982, « les créances sur le Brésil, l'Argentine, le Venezuela, et le Chili représentaient 141 % des *fonds propres* de la Morgan Guaranty, 154 % de ceux de la Chase Manhattan Bank, 158 % de ceux de la Bank of America, 170 % de ceux de la Chemical Bank, 175 % de ceux de la City Bank et 263 % de ceux de la Manufacturers Hanover » [24]. Une crise généralisée aurait profondément ébranlé le système bancaire et financier des pays occidentaux. De plus, le contexte de la guerre froide avec l'URSS les plaçait dans une situation particulièrement délicate.
C'est alors qu'intervient le FMI. Chargé d'assurer la stabilité financière internationale, celui-ci sera, avec la Banque mondiale, « réquisitionné » par les banques privées et les gouvernements du Nord pour prêter — à taux élevé cette fois— à son tour aux pays du Sud, permettre le

remboursement des dettes dues à ces dernières et ainsi éviter la crise. Les deux institutions vont alors plancher sur une série de réformes à mettre en œuvre pour assainir les économies et les finances des pays en crise et ainsi en assurer le remboursement. Un consensus sera trouvé, le fameux Consensus de Washington [25].
Avec le Consensus de Washington arrivèrent alors les plans d'ajustement structurel (PAS), un pack de réformes économiques imposé et censé permettre aux pays endettés d'apurer leurs dettes. Les politiques économiques des différents pays passèrent alors sous tutelle des institutions financières internationales et de leurs experts. Il est important de bien cerner les mesures qui seront mises en place, car celles-ci seront appliquées sur au moins deux décennies, impacteront durablement les pays qui les appliquèrent et, plus largement, les conditions de vies de la majorité des populations du monde.

Les PAS sont divisés en deux phases. D'une part, les réformes macroéconomiques du FMI : *dévaluation* et libéralisation des taux de change ; plan d'austérité budgétaire ; libéralisation du marché du travail et désindexation des salaires… Et d'autre part, les réformes sectorielles de la Banque mondiale : libéralisation commerciale et financière, privatisation des entreprises publiques et réforme fiscale.
Chacun de ces plans est basé sur un Document cadre de politique économique (DCPE), élaboré par le FMI et la Banque mondiale, et reprend approximativement les mêmes ingrédients, c'est-à-dire [26] :
coupes dans l'ensemble des secteurs non productifs (santé, éducation, services publics, culture) ; augmentation de la production afin de promouvoir la croissance et les exportations, maintenir la stabilité macroéconomique et accroître la compétitivité ; réformes du système de fixation de prix et libéralisation du marché ; dévaluation de la devise

locale ; réformes des fonctions et services publics ; privatisation des sociétés d'État ;réformer le système judiciaire et le Code du travail afin d'inciter les investisseurs privés ; amélioration du développement des ressources humaines afin de

- promouvoir le développement du secteur privé ; hausse des impôts.

Manifestement, le Consensus de Washington devait avoir des effets très lourds sur les populations concernées par les plans d'ajustement structurel.

Suite à la mise en place de ces réformes ultralibérales, les populations d'Afrique, d'Amérique du Sud et d'Asie se mobilisèrent et provoquèrent ce qu'on appellera « les émeutes de la faim » ou « les mesures anti-FMI » [27]. Face à cette situation, plusieurs dirigeants lancèrent un appel à créer un véritable front uni contre la dette, notamment Fidel Castro en 1985 lors d'une conférence à La Havane, ou encore Thomas Sankara en 1987, alors président du Burkina Faso, devant l'Union africaine à Addis-Abeba.
Bien que prenant de plus en plus d'ampleur, seuls contre tous, ces mouvements ne réussirent pas à prendre le pas sur les politiques des institutions financières, et la mise en œuvre de celles-ci se poursuivit.

C'est pourtant en 1988, lors d'un sommet du *G7* à Toronto, que la dette fut reconnue comme un problème structurel et non uniquement conjoncturel comme cela était présenté jusqu'alors. Les dirigeants des principales puissances, admettant le caractère insoutenable de la situation, s'accordèrent sur une restructuration de la dette des PED, à condition que ceux-ci soient soumis aux politiques d'ajustement structurel. 33 % de la dette des pays les plus pauvres devaient alors être annulée. Ce chiffre fut même revu à la hausse en raison de l'insuffisance de ces

allègements lors des sommets du G7 à Londres en 1991 et à Naples en 1995 pour atteindre 67 % d'effacement. Cela concernait les dettes bilatérales, soit entre deux États. Les banques, quant à elles, n'ont plus prêté aux PED suite à la crise de la dette, et leurs dettes, rachetées par le FMI, sont ainsi devenues multilatérales. La Banque mondiale et le FMI, ne voulant pas perdre « leurs statuts de créanciers privilégiés », refusèrent de participer aux allègements et la dette multilatérale ne fut pas remise en question.
Le soulagement produit par ces allègements fut de courte durée et la dette des PED recommença à s'alourdir profondément à partir des années 90. Comme l'avaient constaté les dirigeants du G7 en 1987, le problème étant structurel, il persistera tant que les règles resteraient inchangées.

### 2.3. Illustration des réformes

Comme expliqué, au milieu des années 80, afin de répondre à la crise économique qui sévissait depuis presque une décennie, les pays du Sud intégrèrent des politiques d'ajustement structurel imposées par le FMI. Celles-ci devaient entraîner une réduction de l'endettement des pays concernés en favorisant la privatisation, la libéralisation, l'ouverture des marchés, l'équilibre budgétaire, en privilégiant une hausse des taux d'intérêt, etc. Je vais tenter ici de présenter brièvement certaines des politiques phares ainsi que leurs impacts.

Dévaluation de la monnaie locale. Entraînant une baisse des prix à l'exportation, les économies locales en deviennent plus compétitives sur les marchés internationaux. Les prix chutant de 50 % dans certains cas [28], il fallut dès lors multiplier la production pour atteindre les mêmes bénéfices. Dans le même temps, la devise locale ayant moins de valeur, les importations

coûtent également plus cher. Déjà très dépendant de ces dernières, suite aux politiques d'exportation des années 60 et 70, les populations du Sud vont voir les prix des biens importés exploser.
Réduction drastique des budgets sociaux. Pour améliorer l'équilibre budgétaire, des coupes profondes sont exigées dans les dépenses publiques, notamment dans les secteurs dits « non productifs », c'est-à-dire la santé, l'éducation, les infrastructures, etc. Le gel des salaires des travailleurs de la fonction publique ainsi que des licenciements massifs sont aussi préconisés. Face aux dépenses destinées au *service de la dette* [29], le budget des services sociaux des PED n'est plus une priorité. Le tableau ci-dessous situe la répartition des dépenses nationales pour quelques PED. Source : *PNUD*, Rapport sur la pauvreté dans le monde 2000.
Abandon des subventions aux produits et services de première nécessité. Afin de remédier à l'absence de revenus minimums garantis, les gouvernements des pays du Sud subventionnaient les produits et services de base comme l'eau, le pain, le riz, le lait, le sucre, l'essence, l'électricité, les transports, etc. permettant l'accès aux produits et services indispensables. Le FMI et la BM exigent la suppression de ces dépenses « inutiles ». Provoquant une augmentation souvent insoutenable du prix des aliments de base et des services essentiels, cette mesure aura des impacts destructeurs sur les populations. Par exemple, avec l'augmentation du prix des combustibles, il devient impossible de même faire bouillir de l'eau entraînant des situations propices au développement de maladies diarrhéiques. De même, le prix exorbitant des transports rend toute activité de maraîchage impraticable.

Développement des exportations. Ne tirant pas de leçons des facteurs ayant précipité la crise de la dette, le FMI et la Banque mondiale prônent encore et toujours les bienfaits des politiques d'exportations. Ainsi, les pays du Sud se consacrent davantage à la spécialisation de production d'une seule ressource et font dépendre, pour certains, la majeure partie de leurs revenus de l'exportation de ce produit. Ayant déjà expliqué les conséquences du « tout à l'exportation », je ne m'y attarderai pas ici. Ce tableau permet cependant de situer dans différents pays la proportion prise par une production majoritaire dans les revenus de l'exportation.

| **Pays** | **Principal produit d'exportation** | **Part de ce produit dans les revenus d'exportation** |
|---|---|---|
| Bénin | Coton | 84% |
| Sao Tomé et Principe | Cacao | 78% |
| Malawi | Tabac | 61% |
| Ouganda | Café | 56% |
| Mauritanie | Pêche | 54% |
| Niger | Uranium | 51% |
| Zambie | Cuivre | 48% |
| Mali | Coton | 47% |

| Pays | Principal produit d'exportation | Part de ce produit dans les revenus d'exportation |
|---|---|---|
| Rwanda | Café | 43% |
| Éthiopie | Café | 40% |
| Burkina | Coton | 39% |

Hausse des taux d'intérêt. Les IFI prônent une hausse des taux d'intérêt pour, comme l'ont fait les États-Unis, attirer les capitaux étrangers et donc faciliter l'investissement. Cependant, ces pays étant en crise, les investisseurs ne sont guère convaincus. De plus, si cette mesure n'a que peu d'effets sur le commerce vis-à-vis de l'extérieur du pays, elle en a beaucoup sur l'intérieur. Avec des taux d'intérêts élevés, il est plus coûteux, et donc plus difficile, pour les populations locales d'emprunter. Les paysans, par exemple, voient leurs emprunts diminuer et avec eux leurs capacités de production. Devant faire face à des prix globalement plus élevés — comme expliqué plus haut— ceux-ci s'endettent et font faillite. La même logique s'applique aux banques locales et aux petites et moyennes entreprises. Ces dettes privées devenant insolvables, elles sont alors nationalisées, passant directement à charge des populations locales et participent donc au gonflement de la dette publique.

Privatisation massive des entreprises publiques. Afin de rendre les services publics « plus efficaces », la privatisation massive des biens communautaires est imposée. Le FMI prône ainsi un désengagement de l'État vis-à-vis des secteurs concurrentiels, c'est-à-dire l'énergie,

les transports, l'agriculture, la santé et l'éducation, les télécommunications, l'eau, etc., tout en lui laissant comme priorité les secteurs de la justice, de la police et de la défense, c'est-à-dire la gestion de l'ordre intérieur. Les entreprises publiques sont donc rachetées, le plus souvent, par des transnationales siégeant au Nord ou par des proches du pouvoir en place. Il faut cependant bien se rendre compte que l'objectif premier de ces entreprises est la rentabilisation du capital investi. C'est ainsi que, par exemple, des lignes ferroviaires comme celle qui reliait Dakar, Bamako et le Niger, sont privatisées [30]. De cette privatisation, il résulte : la fermeture de 24 gares sur 36 détruisant les secteurs informels construits autour de celles-ci ; le licenciement de milliers de cheminots ; le sacrifice du service aux voyageurs délaissé pour le transport du fret servant à acheminer les matières premières produites ou extraites vers les sites d'exportation ; et une augmentation considérable des prix des voyages encore destinés à la population accompagnée d'une dégradation profonde des services. Ainsi, « renforcés par le fait que les privatisations ont majoritairement entraîné la transformation des monopoles publics en monopoles privés, et que l'ajustement n'a entraîné aucune création d'emplois supplémentaires (Saprin 2002), ces médiocres résultats économiques ont entraîné de nombreuses régressions sociales et politiques en Afrique subsaharienne. » [31]
En résumé, ces réformes devaient permettre aux différents pays de réaliser des économies par l'austérité et d'attirer des capitaux par la libéralisation et l'exportation. Elles semblent servir principalement à faire passer les politiques économiques et sociales des États sous tutelle des institutions financières internationales, à restreindre les dépenses, à ouvrir les marchés, à privatiser les services publics, à rendre le système fiscal plus incitatif, etc. Elles eurent en fait des résultats plus que médiocres puisqu'elles

aggravèrent l'endettement des pays en voie de développement qui passa de 510 milliards en 1980 à 1 966 milliards en 2000 et entraînèrent une érosion des services aux populations — populations que vivaient déjà majoritairement dans des conditions précaires.

### 2.4. L'Initiative *Pays pauvres très endettés* (PPTE)

Au milieu de la décennie, sous la pression populaire, les gouvernements du G7, devenu *G8*, adoptèrent un nouveau plan de réduction de la dette, toujours accompagné de conditionnalités. Cette manœuvre permit de faire table rase des plans d'ajustement structurel et d'instaurer l'IPPTE, l'Initiative pour les pays pauvres très endettés.
Cette initiative prévoyait un allègement partiel de la dette extérieure des pays les plus pauvres de la planète. Toutefois, plusieurs conditions s'imposaient pour en être bénéficiaire comme : détenir une dette insoutenable, ne pas avoir d'arriérés de paiement envers la BM et le FMI, ou encore avoir appliqué docilement les politiques néolibérales prônées par ces institutions pendant au moins 3 ans. Ce furent alors 42 pays [32] qui furent sélectionnés pour participer au programme d'allègement. Les gouvernements de ces derniers furent amenés à rédiger les *DSRP* — les documents stratégiques pour la réduction de la pauvreté— dans lesquels ils présentaient les politiques qu'ils s'engageaient à mettre en œuvre avec, bien sûr, l'approbation du FMI. Cependant les politiques présentées dans ces documents reprenaient fortement la logique des réformes contenues dans les PAS. En effet, d'après Détale Kotte de la *CNUCED* [33] : « Le FMI ou la Banque mondiale ont changé les mots, changé les sigles, changé leur mode de consultation, mais n'ont rien changé à leur credo. »

Ainsi, afin de respecter les conditions nécessaires pour participer au programme, les pays pauvres bénéficiaires ont donc dû, en plus d'effectuer de nouveaux prêts auprès des IFI afin de payer leurs arriérés, ouvrir leurs économies aux sociétés multinationales et ainsi leur donner encore plus d'accès à leurs ressources naturelles et humaines [34]. Une fois ces conditions remplies, arrivait « le point de décision » qui permet de décider quels pays seraient bénéficiaires de l'IPPTE. Sur les 42 pays retenus en 1996, 36 y auront accès. Ils seront alors amenés à appliquer les politiques économiques contenues dans les DSRP jusqu'au « point d'achèvement », moment auquel ils pourront bénéficier d'un allègement de leur dette. Celui-ci était globalement attendu pour 2003, mais de nombreux pays durent repousser cette date plusieurs fois.
Cette initiative fut vivement critiquée, car l'allègement n'aurait visé qu'à rétablir la dette à son montant maximal soutenable, c'est-à-dire qu'est supprimée toute créance qui nécessiterait une restructuration de la dette. De plus, elle ne concerna que 11 % de la population des PED, et la somme des dettes des pays éligibles ne représentait que 1,6 % de la dette de l'ensemble des PED [35]. Il lui fut donc reproché de ne pas viser le bien des populations et de réclamer les mêmes réformes que les PAS, accompagnées de noms plus séduisants.

### 2.5. L'après-PPTE

Malgré l'augmentation du cours des matières premières en 2003 et 2004, celui-ci chuta à nouveau à partir de 2007, réduisant considérablement les revenus des pays exportateurs qui furent obligés d'emprunter encore massivement pour faire fonctionner leurs économies. Cette situation, comme vu par le passé, précipita vers le bas les conditions de vies de millions de personnes, provoquant de nouvelles émeutes de la faim.

Depuis quelques années, on constate une baisse lente mais similaire du cours des matières premières. Combinée à d'autres facteurs, cela mène inexorablement vers une nouvelle crise de la dette. Plusieurs pays comme le Mozambique montrent déjà de nombreux signes de faiblesse.

La légitimité des IFI fut heurtée atteinte suite aux politiques d'ajustement structurel et à l'IPPTE. Celles-ci reprirent néanmoins de l'influence, en particulier le FMI, avec la crise de 2007-2008 à la suite de laquelle plusieurs pays du Nord firent appel à lui. Ils durent appliquer les mêmes recettes que celles appliquées dans l'hémisphère sud pendant des décennies. En 2009, le *G20* de Londres adopta « un programme de soutien complémentaire d'un montant de 1 100 milliards de dollars, destiné à rétablir le crédit, la croissance et l'emploi dans l'économie mondiale » [36] plaçant ainsi cette institution au cœur des enjeux économiques d'aujourd'hui et de demain. Malgré les différentes politiques, initiatives et autres programmes, le risque de crise est plus présent que jamais. Comme nous le voyons dans le tableau ci-dessous, le montant de la dette extérieure des PED, qui était de 510 milliards de dollars en 1980 au moment de l'introduction des plans d'ajustement structurel ne fit que grimper. Il équivalait à 1 966 milliards en 2000 lors de l'introduction de l'Initiative PPTE et était égal en 2014 à 5 400 milliards de dollars.
Manifestement, les PAS n'ont pu qu'aggraver l'endettement des pays qui les ont appliqués… Alors que tous les signes d'une nouvelle crise se font de plus en plus visibles, il est impératif de tirer les conclusions adéquates si

l'on veut éviter ce qui pourrait, cette fois, conduire vers une crise économique d'ampleur mondiale.

Trente-cinq ans après l'introduction des politiques d'ajustement structurel qui visaient à la résorption de la dette, le *stock de la dette* des PED a été multiplié par 10.

3. Étude de cas : Le Burkina Faso

Quels ont été, sur le Burkina Faso, les impacts de l'orientation économique prônée par les institutions financières internationales ? Grâce à la mise en œuvre minutieuse de chaque recommandation des institutions internationales, ce pays a été considéré comme « bon élève » des institutions de Bretton Woods. Il constitue donc un exemple propice à l'analyse des politiques prônées par ces dernières.

De plus, le Burkina Faso est le premier exportateur de coton d'Afrique (neuvième exportateur mondial) et le cinquième exportateur d'or. J'examinerai dès lors les politiques d'exportations ainsi que les mesures et réformes corrélatives de déréglementation, libéralisation, privatisation, etc. et leurs effets.

Une ébauche de conclusion sera tentée sur l'efficacité de la lutte contre la pauvreté prônée par les institutions financières internationales au travers de leurs plans d'ajustement structurel.

## 3.1. Bref aperçu de la situation politique et économique du Burkina Faso

### 3.1.1. Contexte socio-économique

Après avoir donné un aperçu du fonctionnement des plus grandes IFI, de leurs politiques et l'avoir replacé dans un contexte historique, je vais maintenant brièvement présenter le développement politique du Burkina Faso depuis son indépendance en 1960 afin d'identifier le rôle joué par les institutions financières et autres acteurs au sein du pays.

Le Burkina Faso est un pays d'Afrique subsaharienne de 273 000 km2, soit légèrement supérieur à la superficie du Royaume-Uni (242 900 km2). Le pays est enclavé entre le Mali et le Niger au nord et par la Côte d'Ivoire, le Ghana, le Togo et le Bénin au sud. Son climat est de type soudanien au sud et aride au nord.

En 2015, il comptait un peu plus de 18 millions d'habitants pour un *PIB* de 10,6 milliards de dollars, faisant de lui un des pays les plus pauvres de la planète [37]. À titre de comparaison, en 2014, la Belgique détenait un PIB de 531 milliards d'euros pour un peu plus de 11 millions d'habitants. Le Burkina Faso fait partie des Pays les moins avancés (PMA). Au moment de son indépendance au début des années 60, près de 95 % de sa population était rurale contre 70 % de nos jours. Près de 80 % de la population est d'ailleurs occupée par l'agriculture, dont les récoltes dépendent essentiellement de la pluviométrie.
Le Burkina Faso fait partie des cinq plus grands exportateurs d'or d'Afrique et est le premier exportateur africain de coton. La production de celui-ci débuta en 1920 sous le pouvoir colonial français par la Compagnie française pour le développement des fibres textiles, la CFDT. La métropole française imposa à plusieurs de ses

colonies d'orienter une partie importante de leurs activités agricoles afin de permettre la production de cette ressource alors convoitée. Suite à l'indépendance, la production continua. Celle-ci était alors menée par la Société burkinabè des fibres textiles, la Sofitex, dont la CFDT détenait 45 % du capital au moment de sa création en 1970. Aujourd'hui, le pays base une grande partie de ses revenus sur les exportations de coton et d'or.

Avant d'aller plus loin, attardons-nous quelque peu sur le développement de son contexte politique afin d'approfondir notre compréhension de la situation socio-économique et politique du pays.

### 3.1.2. Contexte politique

La Haute-Volta, ancienne colonie française, prit son indépendance en 1960. Son premier président est Maurice Yaméogo, ancien membre de l'administration coloniale. Celui-ci ne tarda pas à s'affilier à la Banque mondiale en mai 1963 devenant ainsi le 98e membre. Contesté pour son autoritarisme et ses mesures d'austérité impopulaires, le président fut renversé en 1966.

Le général Aboubacar Sangoulé Lamizana, lui aussi issu de l'armée coloniale, prit sa place et instaura un gouvernement militaire provisoire. Il remporta les élections en 1970, puis suspendit la Constitution quatre ans plus tard, avant de devoir faire marche arrière sous la pression du peuple. En novembre 1977, une nouvelle Constitution fut adoptée marquant le début de la troisième République. Confirmé en mai par des élections générales relativement libres, Lamizana resta président, mais sa gestion était catastrophique : le coût de la vie augmenta, le pouvoir d'achat baissa, des grèves éclatèrent, la répression et la corruption sévirent provoquant de nombreuses mobilisations et grèves, notamment du secteur de l'éducation.

Le 25 novembre 1980, le colonel Saye Zerbo, aidé de jeunes officiers et sous-officiers et appuyé par les syndicats et par le Front progressiste voltaïque (FPV), renversa Lamizana et prit le pouvoir. Thomas Sankara, jeune capitaine et futur président du pays, fut nommé secrétaire d'État à l'information du gouvernement Zerbo.

Durant les années 70, le gouvernement, poussé par le cours élevé des matières premières et incité par les IFI, investit dans des grandes infrastructures et s'endetta de plus en plus. La Banque mondiale finança d'ailleurs plusieurs projets de prospection en vue d'exploitation minière. Cependant, le retournement de situation au début des années 80 mit le pays en difficulté, au même titre que la plupart des pays du Sud, obligeant le gouvernement à appliquer davantage de restrictions budgétaires.

Le 7 novembre 1982, Saye Zerbo fut renversé par le médecin commandant Jean-Baptiste Ouedraogo. Thomas Sankara est nommé Premier ministre. Il tenta d'entamer une politique de réformes institutionnelles, d'équité salariale, de redressement économique et, surtout, de réorientation de la politique étrangère. Il démissionna quelque mois plus tard en direct à la télévision en prononçant les mots : « Malheur à ceux qui bâillonnent le peuple ! ». Il fut ensuite arrêté en 1983. Cependant, pour des millions de Voltaïques, le jeune **Thomas Sankara**, trente-cinq ans, est devenu l'incarnation de la dignité et de la fierté nationale. Les manifestations se succédèrent dans les principales villes du pays et l'armée rentre en dissidence. À Po, base des commandos parachutistes, les commandos, troupe d'élite du pays, sous le commandement de Blaise Compaoré, ami du capitaine Sankara se barricadèrent. Rapidement, le régime Ouédraogo prit le contrôle de la situation.

Dans la nuit du 4 août 1983, venu de Po pour libérer Thomas Sankara, un noyau dur de personnalités politiques et militaires occupa les principaux bâtiments de la capitale et proclama la constitution du Conseil national de la révolution et Sankara fut placé à la tête du pays.

C'est lui qui rebaptisa le pays « Burkina Faso » en 1984, ce qui signifie « la patrie des hommes intègres ». Ce jeune dirigeant était très critique des élites et du laisser-faire des politiques qui « laissent l'Afrique se vider de son sang ». Il prônait donc haut et fort des revendications anti-impérialistes, tiers-mondistes et était annonceur de l'altermondialisme. Sankara ne tarda pas à s'attaquer aux pays occidentaux, aux institutions financières internationales et aux politiques d'austérité, s'attirant les foudres de plusieurs gouvernements européens. Il prit ses distances avec les institutions financières et instaura une politique protectionniste allant à l'encontre des dogmes néolibéraux de l'époque, qui sont d'ailleurs, aujourd'hui, plus présents que jamais.

En juillet 1987, lors d'un sommet de l'Union africaine à Addis Abeba, capitale de l'Éthiopie, il fit un discours dans lequel il appela tous les dirigeants présents à se lever contre la dette qui étranglait les peuples africains. Il termina son discours en disant ceci : « Avec le soutien de tous, nous pouvons éviter de payer. Mais si le Burkina Faso tout seul refuse de payer la dette, je ne serai pas là à la prochaine conférence » [38].
Le 15 octobre de la même année, il est assassiné. Blaise Compaoré s'empara du pouvoir. Celui-ci est soupçonné d'avoir, avec l'aide de la France et des États-Unis, orchestré l'assassinat de Sankara pour prendre sa place. Il renoua rapidement avec les élites européennes et les institutions financières internationales.

En janvier 1988, le Front populaire, parti dont Blaise Compaoré est le président, annonça son intention de coopérer avec la Banque mondiale et le FMI en vue d'appliquer les plans d'ajustement structurel et d'assainir les finances du pays, rompant radicalement avec les mesures révolutionnaires prônées par Sankara. Les plans d'ajustement structurel seront omniprésents durant la présidence de Compaoré.

Avec une dette avoisinant les 1,5 milliard de dollars en 2000, le pays participa également à l'initiative PPTE et fut l'un des premiers pays à atteindre le point d'achèvement en 2002. Il décrocha ainsi un allègement de 424 millions de dollars, soit 48,5 % de sa dette extérieure de l'époque [39]. Après avoir restreint l'opposition [40] et étant le seul candidat à l'élection présidentielle de 1991, Compaoré fut maintenu au pouvoir. Il se fit réélire en 1998 avant de promulguer une nouvelle constitution limitant le nombre de mandats présidentiels. Après avoir remporté les élections de 2005 et de 2010, il tenta de modifier la constitution afin de pouvoir se représenter, mais il sera renversé par un soulèvement populaire en 2014 et contraint à l'exil. La jeunesse burkinabè, portée par le mouvement « balai citoyen » [41] mit fin à ses 27 ans de pouvoir. Après une année particulièrement instable, Roch Kaboré, ancien premier ministre de Blaise Compaoré [42], accéda au pouvoir lors des élections présidentielles de 2015.

### 3.1.3. Situation actuelle de l'endettement du Burkina Faso

En 2013, la dette publique du Burkina Faso s'élevait à plus de 2,5 milliards de dollars c'est-à-dire plus d'un quart de son PIB. 70 % de cette somme est multilatérale, c'est-à-dire qu'elle est détenue par des IFI comme le FMI et la BM. De 1963 à 2013, soit après 50 ans de partenariat, la BM a investi plus de 4 milliards de dollars sur le sol burkinabè, soit près de la moitié du PIB national en 2015. Le gouvernement de Kaboré s'est doté en 2016, via la Banque mondiale, d'une « nouvelle stratégie de développement énoncée dans le Plan national de développement économique et social dont le coût global est d'environ 26,3 milliards de dollars » [43].

### 3.2. Burkina et plans d'ajustement structurel

#### 3.2.1. Mise en place des PAS

Les PAS entrent en vigueur sous la présidence de Blaise Compaoré. Son prédécesseur, Thomas Sankara, qui s'était levé contre les politiques économiques exogènes — c'est-à-dire élaborées par des experts externes au pays — qui, selon lui, asphyxiaient le Burkina, avait cessé de rembourser la dette de 1983 à 1987, accumulant ainsi des arriérés de paiement. Or, les banques commerciales ne prêtant pas à un pays qui ne rembourse pas ses dettes, c'est sans attendre que Blaise Compaoré renoua avec la Banque mondiale et le FMI, seuls créanciers vers lesquels le Burkina Faso put se tourner en vue de contracter de nouveaux prêts. En 1987, année de l'assassinat de T. Sankara, la dette totale du pays avoisine 830 millions de dollars pour un PIB de 2,4 milliards.

En mai 1990, des assises nationales sont tenues afin de déterminer, voire de convaincre de l'opportunité que représentait la mise en place des PAS. Malgré la réticence des syndicats, un premier plan sera lancé en 1991. Au cours des années 90, le Burkina Faso a mis en place trois plans triennaux : le premier de 1991 à 1993, le second de 1994 à 1996, et enfin le troisième de 1997 à 1999.

Lors du premier plan d'ajustement structurel mis en place en 1991, les réformes entreprises ont alors principalement consisté en une libéralisation du commerce des produits agricoles et en une privatisation d'un certain nombre d'entreprises agro-industrielles publiques. Les programmes prônaient un désengagement de l'État afin de permettre une libéralisation de l'économie et une promotion du secteur privé. Le rôle de l'État se limite alors à « suppléer les défaillances du marché dans l'allocation efficace des ressources et rechercher l'équité sociale » [44]. Tout est alors entrepris pour maximiser l'ouverture commerciale afin d'accéder à des marchés élargis et ainsi accroître les revenus d'exportation.

En effet, le système d'exportation au Burkina Faso est au cœur de ces politiques, car : il permet à l'état d'attirer des capitaux et est ainsi une source de revenus plus que considérable ;

comme précisé lors du chapitre précédant, les dettes étant contractées en dollars, il est impératif pour le pays d'attirer cette devise afin de permettre le remboursement de sa dette extérieure ; compte tenu de la richesse du sol du Burkina Faso, le secteur minier est voué à se développer et sera, à partir du milieu des années 2000, l'une des principales sources de revenus d'exportation ; 80 % de la population vit de l'agriculture, c'est donc une composante majeure de l'économie nationale ; le coton burkinabè est réputé pour sa qualité ce qui en favorise la compétitivité sur les marchés internationaux ;

avec les PAS, les politiques d'exportation au Burkina Faso consistent à promouvoir la spécialisation dans la production d'une ressource, le coton.

Selon la théorie des avantages comparatifs de David Ricardo [45], sur laquelle s'appuie le principe du libre échange, cette spécialisation vise à réduire les coûts de production, ce qui permet de tirer davantage de bénéfice

lors de la vente sur les marchés internationaux. L'économie du Burkina Faso s'appuie grandement sur l'agriculture. La production agricole apparaît alors comme une ressource exportable non négligeable.
Lors de l'élaboration des Documents stratégiques de réduction de la pauvreté (DSRP) au début des années 2000 dans le cadre de l'Initiative pays pauvres très endettés (IPPTE), la promotion des mesures d'exportation est d'ailleurs toujours bien présente et occupe une place importante dans la stratégie économique du pays. Le ministère de l'Économie et des Finances du Burkina y déclare :

« (…) l'agriculture reste le secteur dominant de l'activité économique au Burkina, contribuant pour 32 % au PIB, assurant des emplois et des revenus à plus de 80 % des ruraux, procurant environ 60% des recettes d'exportation, et absorbant en moyenne 30 à 35 % du programme d'investissement public. À court terme, la croissance économique reposera sur un dynamisme accru du secteur des exportables dans l'agriculture (coton, fruits et légumes) et dans l'industrie (agroalimentaire, la tannerie des peaux et la filature du coton). (…) l'économie burkinabé doit s'ouvrir bien davantage aux échanges extérieurs (pour réduire le coût des *intrants* importés et aussi capter des parts de marché) et à l'investissement étranger direct. Il faudrait une volonté radicale d'ouverture et poursuivre un programme ambitieux d'appui aux exportations » (ministère de l'Économie et des Finances du Burkina Faso – 2000) [46]
Ce modèle n'est cependant pas propre au Burkina Faso. Comme démontré dans le chapitre précédent, dès la vague d'indépendances des années 1960, les politiques d'exportations prennent une place considérable dans les économies des pays en développement. Celles-ci

impactèrent profondément leurs économies et, plus largement, tracèrent les contours de l'économie mondiale.

Je vais donc tenter de déterminer les impacts sur le Burkina Faso de l'orientation de son économie sur le « tout à l'exportation ». Je commencerai par analyser le système d'exportation du coton et les différentes dépendances qu'il engendre. Je me pencherai ensuite sur l'impact de la privatisation dans le secteur agricole dont le rôle est de rendre la production plus efficace. L'or devenant le principal produit exportable du Burkina au cours des années 2000, je terminerai en abordant l'effervescence du secteur minier dont la quasi-totalité de la production est exportée dès l'extraction.

### 3.2.2. Une croissance économique dépendante du cours du coton

À l'instauration des plans d'ajustement structurel, les cours du coton sont peu favorables aux exportations, car ceux-ci poursuivent une longue descente. Dans les années 1991-1992, la valeur de la livre [47] de coton frôle les 50 cents de dollars US. Celle-ci finit cependant par remonter en 1994, au moment de la dévaluation du franc CFA [48]]. Elle atteint 110 cents de dollars en 1995 avant d'entamer une longue descente qui perdurera jusqu'en 2001-2002.
Ainsi, alors que le PIB dépasse les 3 milliards de dollars en 1991, celui-ci chute sous la barre des 2 milliards en 1994, soit une dégringolade de plus d'un tiers en trois ans. La remontée du cours du coton permet ensuite au PIB de décoller. Ainsi, lorsqu'on met en parallèle la variation du PIB et la fluctuation des cours du coton, une influence notable du cours des matières premières sur les résultats macroéconomiques du Burkina Faso apparaît.

Le problème de la stratégie économique de l'exportation réside dans la dépendance qu'elle engendre. Il y a d'abord une dépendance aux facteurs comme le cours des matières premières, le climat qui impacte la production ou même l'économie des pays importateurs qui, selon la santé de celle-ci, augmenteront ou diminueront leurs importations. Ensuite, avec une économie s'appuyant sur les exportations, la population est davantage dépendante des importations car elle ne produit pas ce qu'elle consomme, les cultures de rente ayant remplacé les cultures vivrières et familiales basées sur la polyculture. Enfin, le développement de ce secteur associé à la libéralisation des marchés et à la privatisation des acteurs étatiques peut entraîner un accaparement des unités de production et de transports par des filiales étrangères.

### 3.2.3. Dépendance de l'exportation aux facteurs externes et internes

Comme le précise l'Organisation de coopération et de développement économique (*OCDE*), les performances économiques du Burkina Faso dépendent grandement de facteurs externes « en raison de la prédominance de l'agriculture d'exportation – notamment du coton » [49].

#### 3.2.3.1. Libéralisation et cours du coton

En poussant les Pays les moins avancés (PMA) à se spécialiser dans la production d'une ressource en vue de son exportation, ces pays sont devenus dépendants du revenu des exportations dont les cours fluctuent selon de multiples facteurs. Une économie basée sur l'exportation d'une matière première se voit donc fortement impactée par tout choc exogène tel que des variations des cours de cette même matière première.

De plus, la logique néolibérale veut que, dans le but d'attirer toujours plus de capitaux, les pays exportateurs soient poussés à exporter de manière croissante. Cependant, bien

que l'offre augmente sur les marchés mondiaux, la demande, elle, varie très peu. Ainsi « l'augmentation des volumes d'exportation de produits de base sans augmentation simultanée de la demande [entraîne] une surproduction sur le marché mondial et une chute des prix » [50].
Avec une chute des cours, c'est une partie importante de ses revenus que le pays voit également chuter. Il est alors poussé à exporter davantage afin de combler le déficit, ce qui aggrave davantage la chute des cours et fait fondre les stocks de ses ressource.

Ce fut, par exemple, le cas dans les années 2005, 2006 et 2007 lorsque le cours mondial du coton était tombé en dessous de 55 cents la livre. Ayant réussi à négocier un prix plancher auprès des entreprises semencières, la livre de coton se vendit 65 cents. Cependant, à ce prix, ni les producteurs ni les entreprises n'engrangent de bénéfices. En dessous, ils vendent à perte [51]. Les producteurs se retrouvèrent en grande difficulté. Pour l'économie du pays, ce manque à gagner se traduisit par un important déficit commercial, une baisse de l'entrée des devises, un ralentissement des investissements de l'État, une plus grande dépendance vis-à-vis de l'Aide publique au développement (*APD*) et un gonflement de la dette extérieure.
À noter que, en 2005, le pays bénéficia d'un allègement de plus de 800 millions de dollars de sa dette multilatérale dans le cadre de l'Initiative d'allègement de la dette multilatérale [52] (IADM). Celle-ci passa alors de 2 milliards de dollars à 1,13 milliard de dollars en 2006. Cependant, la conjoncture défavorable précitée provoqua quasiment une annulation de cet allègement. De 1,13 milliard en 2006, le stock de la dette grimpa à 1,46 milliard en 2007, et dépassa trois ans plus tard le montant de sa dette de 2005 en atteignant un stock de 2,15 milliards de dollars

de dette en 2010, soit une augmentation de 1 milliard de dollars en l'espace de 4 ans.

### 3.2.3.2. Les subventions des pays du Nord

Il est intéressant de souligner que si les institutions de Bretton Woods imposent au Burkina Faso de cesser toute subvention tant aux produits de première nécessité qu'aux producteurs de coton, les producteurs américains et européens sont épargnés par cette mesure [53]. Ces subventions qui « stimulent artificiellement la production mondiale » permettent aux producteurs du Nord de minimiser les coûts de production, de produire davantage et donc de tirer les prix vers le bas. Pourtant, « aucun État africain n'a les moyens de soutenir ses propres producteurs à de tels niveaux. D'ailleurs le FMI et la Banque mondiale le leur interdisent » [54].

Là où les leaders mondiaux du néolibéralisme prônent un désengagement étatique dans les pays pauvres dans le but de laisser les prix s'équilibrer d'eux-mêmes, ceux-ci n'hésitent pas à appliquer d'autres règles à leurs propres économies. Cela entraîne une concurrence déloyale avec les producteurs africains qui accusent, à juste titre, ces subventions d'être à l'origine des surproductions et donc de la chute des cours du coton. Ceci n'est pas sans conséquence sur la situation socio-économique du Burkina Faso et, plus largement, sur tous les pays producteurs de coton. Dans un appel à l'*OMC*, les producteurs des trois principaux pays producteurs d'Afrique de l'Ouest (Mali, Burkina Faso et Bénin) déclaraient : « Ces subventions ont des effets pervers sur les économies de nos pays. Nous en arrivons à nous interroger sur la volonté réelle des pays riches à faire reculer la pauvreté dans les pays pauvres » [55]. Malgré le premier article des accords du *GATT* (General Agreement on Tariffs and

Trade) [56] qui stipule que « tout avantage commercial accordé par un pays à un autre pays doit être immédiatement accordé à la totalité des pays engagés par l'accord concerné » [57], leur appel resta sans réponse concrète.

#### 3.2.3.3. L'impact climatique sur les récoltes

De nombreux facteurs endogènes peuvent également perturber les récoltes. Toute variation de la production engendre un impact sur les performances économiques du pays et influence donc son bon fonctionnement, déjà qualifié de précaire. En effet, la production agricole du Burkina Faso dépend énormément des facteurs externes tels que les aléas climatiques (pluviométrie irrégulière, insuffisance des précipitations dans la zone nord). L'agriculture burkinabè dépendant totalement de la pluviométrie, l'unique récolte annuelle, aux alentours du mois d'octobre, doit permettre à la population de subvenir à ses besoins jusqu'à l'année suivante. Lorsque des sécheresses ou des inondations touchent le pays, c'est la sécurité alimentaire de millions de personnes qui est ébranlée.

Ce fut le cas en 2000, lorsque la mauvaise pluviométrie impacta les récoltes de coton, mais également les quelques récoltes céréalières du pays, créant un déficit alimentaire céréalier de 400 000 tonnes. Afin d'éviter la famine, « les autorités ont fait appel à la communauté internationale pour la mise en œuvre d'un programme d'aide alimentaire d'urgence de 65 000 tonnes qui ont été distribuées sur le terrain avec l'aide des ONG » [58].

De plus, la progression du changement climatique dérégule le climat du Sahel — dont les populations font partie des plus vulnérables de la planète — rendant la situation encore plus problématique. Dans un appel d'aide d'urgence lancé en 2012, Oxfam souligne la détérioration de la situation ces dernières années : « Les récoltes sont moins abondantes suites aux pluies particulièrement imprévisibles au Niger, Tchad, Mauritanie, Mali et Burkina Faso. Les populations ont à peine eu le temps de se remettre de la dernière crise alimentaire de 2010. Ces crises alimentaires dans la région du Sahel sont de plus en plus graves et fréquentes ces dix dernières années. » [59]. Ainsi, les aléas météorologiques et climatiques génèrent des problèmes non seulement à court terme, mais aussi à plus long terme, car ils impactent fortement la production et donc toute l'économie du pays.

#### 3.2.3.4. Impact de la spéculation financière sur les cours des matières premières

La *spéculation* financière joue également un rôle majeur dans la fluctuation du cours des matières premières. La spéculation sur les matières premières consiste à acheter en avance (1 an, 2 ans, 3 ans…), sur des marchés de « futurs », des ressources avant que celles-ci soient produites. Lorsque les prix d'une ressource chutent, les spéculateurs achètent massivement, ce qui diminue la quantité potentielle sur les marchés et fait donc remonter les prix. Ils peuvent ensuite la revendre et toucher des plus-values. Ainsi, le jeu sur les prix des matières premières impacte considérablement les économies des pays exportateurs, mais également le prix des biens de première nécessité. En l'absence de protection — ce qui est le cas pour tous les pays sous ajustement structurel dans lesquels les subventions d'État sont interdites — ces situations menacent profondément la sécurité alimentaire des populations.
Damien Millet et Eric Toussaint précisent que « les acteurs principaux de cette spéculation (…) sont les investisseurs institutionnels : les *banques d'affaires*, les *fonds de pension*, les *fonds d'investissement*, les banques

commerciales, les sociétés d'assurances, etc. » [60]. Loin de l'image du particulier s'essayant à la spéculation, ces acteurs souvent massifs ont donc, même individuellement, un impact conséquent sur les cours des matières premières. La spéculation eut des conséquences plus que négatives lorsque, suite de la *crise des subprimes*, ces mêmes investisseurs se désengagèrent de la plupart des marchés liés au secteur immobilier américain et se tournèrent vers les secteurs de produits agricoles, plus enclins à générer du profit. Ainsi, en achetant massivement les futures productions de denrées alimentaires, les stocks des marchés se vidèrent et les prix grimpèrent, participant grandement à la crise alimentaire de 2008.

### 3.2.4. Dépendance aux importations

Le Burkina Faso dépend fortement de ses importations. Comme expliqué brièvement plus haut, un pays ne produisant pas ses propres moyens de subsistance se voit contraint de les importer. Cette situation est combinée aux politiques de libéralisation du commerce prônée par le FMI. À contre-courant des politiques de substitution aux importations [61], la libéralisation du commerce consiste en une suppression de tous les obstacles aux échanges internationaux afin d'ouvrir les économies nationales à la concurrence et à la compétitivité internationales [62], vectrices de progrès d'après l'idéologie néolibérale.
Cependant, cette concurrence engendre des obstacles pour le développement endogène du pays. En effet, les industries nationales, faisant face à une concurrence internationale débridée, peinent à s'émanciper et à acquérir des parts de marché, ne serait-ce qu'au niveau local. Cette situation génère un cercle vicieux dans lequel le Burkina Faso voit son volume d'importation augmenter et le développement de ses industries stagner. Ainsi, le pays consacre chaque

année, au détriment d'autres secteurs, une partie importante de son budget à ses importations, ce qui dégrade fortement sa *balance commerciale*.

[63]

Le graphique ci-dessus nous permet de constater que les coûts des importations du Burkina Faso ont, depuis l'Indépendance, toujours été supérieurs aux revenus engrangés par ses exportations, entravant d'entrée de jeu le principe du développement de l'économie par l'exportation.

Ainsi, la dépendance aux importations constitue une double menace. D'abord, parce qu'elle représente une dépense colossale dans lesquels s'engouffre une grande partie des profits tirés de l'exportation. Ensuite, parce que les produits importés, souvent subventionnés dans leurs pays de production, ce qui est interdit au Burkina Faso, viennent directement concurrencer les marchés locaux. Nicolas Sersiron, ex-président du Cadtm France, nous explique, que « si les surplus du Nord sont vendus parfois à la moitié du prix des productions locales en Afrique subsaharienne, ce n'est pas parce que les coûts de production sont plus faibles, mais bien grâce aux subventions versées aux agriculteurs. C'est ainsi que l'autonomie alimentaire et l'organisation solidaire des villages sont volontairement cassées » [64].

### 3.3. Politiques de lutte contre la pauvreté, dans le sillon des PAS

#### 3.3.1. IPPTE, un tournant de la lutte contre la pauvreté ?

Nous avons vu qu'à la fin des années 1990, les principaux créanciers, États et institutions, de par les résultats socio-économiques médiocres des plans d'ajustement structurel, réorientent les conditionnalités liées aux prêts. Les Plans d'ajustement structurel (PAS) furent alors remplacés par les Documents stratégiques de lutte contre la pauvreté (DSRP) à l'aube des années 2000.

Comme le souligne A. Zacharie dans son livre « *Mondialisation*, qui gagne et qui perd ? », trois éléments majeurs apparaissent dans ce changement de cap.

**1.** La notion de « bonne gouvernance ». Afin de s'assurer de la bonne application des différents programmes et documents, les institutions financières ont élaboré une liste de critères fiscaux, commerciaux, économiques, de gestion publique, etc. Leur but est d'évaluer les capacités institutionnelles des pays bénéficiaires dans la mise en œuvre des réformes.
**2.** La valorisation des services sociaux. Avec le constat de l'érosion des services publics due au PAS, l'initiative PPTE avait notamment pour but de les revaloriser. Cependant, cette mesure allait à contre-courant du maintien des politiques d'austérité budgétaire qui limitaient cette mise en avant. Le cadre macroéconomique des PAS ne devait pas, lui non plus, être remis en cause.
**3.** L'appropriation. Afin de justifier l'échec des PAS, les institutions internationales mettent en avant le manque d'appropriation de ces programmes par les gouvernements et proposent la rédaction des DSRP par ces derniers. Les PAS avaient été imposés de manière uniforme à tous les « bénéficiaires », il semblait donc difficile pour un pays de s'approprier un programme universel s'appliquant de la même manière à chacun, quelles que soient ses caractéristiques culturelles, géographiques, socio-économiques, etc. Les DSRP seront alors rédigés (ou du moins censés être rédigés) par les gouvernements eux-mêmes. Toutefois, ces documents sont soumis aux institutions internationales qui auront bien entendu le

dernier mot et décideront si les documents rédigés sont compatibles avec leurs politiques, sans quoi ni les prêts ni les allègements de dette ne sont accordés. Le rapport de la CNUCED de 2002 sur les pays les moins avancés (PMA) souligne d'ailleurs que « si le DSRP n'est pas conforme à leurs prescriptions, le FMI et la Banque mondiale fixeront de toute manière les conditions jugées appropriées » [65].
Cette nouvelle stratégie sonne implicitement [66] comme un aveu d'échec des politiques antérieures de la part des institutions financières internationales (IFI). Cependant, outre les allègements de dette accordés aux pays ayant atteint le point d'achèvement, l'initiative PPTE n'eut pas les résultats que l'on aurait pu escompter. Les mêmes causes produisent les mêmes effets.
En effet, le maintien des politiques d'ajustement structurel, et avec eux, des politiques de libéralisation et d'exportation, eut les mêmes répercussions sur la situation socio-économique des différents pays que les programmes qui les précédaient. « Malgré l'impact positif des dépenses sociales, il est à craindre que de véritables progrès dans la réduction de la pauvreté soient freinés aussi longtemps que les politiques macroéconomiques et d'ajustement continueront de pousser dans la direction opposée » [67].
Déclaré éligible à l'initiative PPTE en 1997, le Burkina Faso est un des huit premiers pays à avoir atteint le point d'achèvement en 2003. Le montant de l'allègement de sa dette avoisinera les 700 millions de dollars. Comme partout, au Burkina Faso, les Documents stratégiques de réduction de la pauvreté (DSRP) visant à poser un cadre de lutte contre la pauvreté mettent l'accent sur l'importance du rôle du secteur privé dans les performances économiques et dans la participation au développement du pays.

### 3.3.2. Le coton en monoculture, terrain de jeu du secteur privé

« La stratégie vise à faire du secteur privé le principal moteur de la croissance par la création d'un environnement favorable à l'investissement privé notamment une politique de libéralisation de l'économie et l'intensification des réformes visant la création d'un cadre juridique sécurisant et stable pour l'investissement privé » [68].

#### 3.3.2.1. Les politiques néolibérales, un chemin balisé pour le secteur privé

En effet, la politique du « tout à l'exportation » de la Banque mondiale et du FMI s'accompagne de vastes réformes de privatisation —notamment des moyens de production— et des financements, de libéralisation et de déréglementation. Celles-ci visent à faciliter l'accès des pays « bénéficiaires » aux marchés mondiaux, mais également à faciliter l'investissement et l'intégration d'acteurs externes au sein des marchés et de l'économie locale. Je vais donc brièvement tenter d'identifier ces acteurs, leurs visions du développement et de la lutte contre la pauvreté dans les pays d'Afrique de l'ouest, et plus précisément au Burkina Faso.

Dans le cadre des plans d'ajustement structurel, bien que des succès furent enregistrés dans la performance et la promotion de la culture de coton, le système, dit de monopsone (un monopsone est le contraire d'un monopole, sur le marché une seule demande fait face à plusieurs offres), comporte plusieurs faiblesses. Celles-ci sont liées à la fluctuation des cours des matières premières : « [ce système] repose, notamment, sur i) la capacité des monopsones à imposer les producteurs et à accumuler des bénéfices lorsque les prix à l'exportation sont élevés et ii) la disponibilité des appuis budgétaires de l'État en période de baisse des cours mondiaux. » [69]. Afin de pallier à ces faiblesses, la Banque mondiale préconise la mise en œuvre de réformes telles que :

autoriser l'entrée libre dans la filière coton et la concurrence à tous les niveaux ; mettre en place des mécanismes privés qui permettent de maintenir le lien entre le recouvrement efficace des crédits octroyés au titre de l'achat d'intrants et la commercialisation du coton-graine ; mettre en place des mécanismes dans le secteur privé en vue de réduire les risques de prix, etc.

Le ministère de l'Économie et des Finances du Burkina Faso indique que « ces réformes ont permis notamment de libéraliser le commerce des produits agricoles (céréales traditionnelles et riz), privatiser un certain nombre d'entreprises agro-industrielles publiques, et de réorganiser le ministère de l'Agriculture et de l'Élevage, ainsi que les services agricoles » [70].

Une économie axée sur l'exportation agricole constitue un terrain de jeu et un défi immense pour toute **entreprise de l'agroalimentaire**. En effet, elle sous-tend le basculement d'une économie essentiellement agraire vers une économie productiviste basée sur des **activités intensives**. En incorporant des **politiques de privatisations et de libéralisation** à ces réformes, la porte est alors grande ouverte pour tout acteur du secteur privé désireux d'accéder à un marché aussi colossal que celui que présente l'Afrique. Ces privatisations dans le secteur agricole vont souvent de pair avec les programmes agricoles internationaux visant à promouvoir une nouvelle « révolution verte » [71]. Elles sont, en effet, prônées par les mêmes institutions et voient apparaître les mêmes acteurs — les entreprises agroalimentaires. Par souci de concision, je ne m'attarderai que très peu sur ce point. Il me semble toutefois nécessaire

de souligner l'origine des idéaux de ces programmes financés par l'ONU et la Banque mondiale. Étant implantés par le biais de cette dernière dans les politiques agricoles africaines avec pour objectif annoncé de nourrir la population mondiale de demain, ces programmes ont un impact sur l'ensemble du continent et plus largement sur l'ensemble du monde.
En empêchant les gouvernements d'intervenir via des financements, subventions et divers contrôles dans leurs systèmes agricoles et en promouvant la privatisation du secteur, les paysans africains voient leur dépendance vis-à-vis des financements extérieurs, appelés également investissements directs étrangers (IDE), croître. Cette situation représente alors une porte ouverte aux transnationales de l'agro-industrie. De la même manière, en mettant l'accent sur la privatisation, la décentralisation et les politiques de libéralisation et de déréglementation, la Banque mondiale offre un chemin tout tracé à la mise en place des programmes agroalimentaires internationaux qu'elle soutient. C'est ainsi que le Burkina Faso, et plus largement l'Afrique, voit des programmes tels que l'AGRA (Alliance for a Green Revolution in Africa) ou Grow Africa dessiner les contours de leurs politiques agricoles.

Outre les institutions internationales telles que l'ONU ou la Banque mondiale, ces programmes sont largement financés par la Fondation Rockefeller, la Fondation Bill et Melinda Gates et la Fondation Ford. De par les moyens qu'ils proposent — utilisation massive d'intrants non organiques et de semences hybrides — et de par les acteurs qui les entourent [72], ces programmes sont fortement liés aux industries telles que Monsanto, Bayer et Syngenta, trois géants de l'agro-industrie et soutenus par des firmes telles que Nestlé, Coca-Cola, Mc Donald, etc. Un rapport de l'Oakland Institute, qui nous rappelle que six multinationales contrôlent plus de deux tiers du marché

mondial des semences, souligne qu'« au cours des dernières années, ces entreprises n'ont d'ailleurs pas ménagé leurs efforts pour prendre le contrôle des marchés des pays en développement, notamment en Afrique » [73].
Ainsi, les politiques précédemment citées mises en place par la Banque mondiale et le FMI tendent à favoriser l'entrée sur le marché africain de poids lourds de l'industrie alimentaire afin de leur permettre d'en exploiter le potentiel productiviste.

En effet, dans un rapport de la Banque mondiale, on peut lire que celle-ci soutient « les exploitations agricoles commerciales à forte intensité de main-d'œuvre (…) [par l'intermédiaire] des partenariats public-privé (PPP) pour promouvoir la compétitivité du secteur des agro-industries et favoriser une plus grande inclusion des petits fermiers et des ouvriers agricoles » [74]. Ainsi, d'après elle, la lutte contre la pauvreté passe par l'introduction des sociétés transnationales de l'agro-industrie dans le système agricole africain.

#### 3.3.2.2. Une agriculture intensive pour remplacer l'agriculture vivrière ?

Bien que le continent soit majoritairement peuplé de petits agriculteurs et de paysans et que plus de 90 % de la production agricole de l'Afrique subsaharienne repose sur l'agriculture familiale et vivrière [75], la Banque mondiale n'en tient que peu compte et prône l'orientation de l'agriculture vers une agriculture de monoculture commerciale productiviste. Produire et exporter toujours plus au détriment de la polyculture qui permet à la population de produire ce qu'elle consomme et d'endiguer les phénomènes d'insécurité alimentaire. Cette optique est bien entendu partagée par les responsables d'AGRA qui déclarent « qu'on ne fera jamais de progrès en Afrique avec

de petits producteurs semenciers (…), il n'y a que le secteur privé qui marche (…) il s'agit de construire une industrie semencière forte en Afrique (…), car tout ce qui est bon pour les compagnies semencières est aussi bon pour les paysans » [76]. Cette vision place le producteur comme un prestataire de service et non comme un acteur *actif* qu'il faut intégrer au processus de décision.
Eric Ouedraogo fait partie de ces paysans. Lors d'une rencontre-bilan avec AGRA au Burkina Faso en 2013, à laquelle il n'était pas convié, il parvient toutefois à prendre la parole. Il martèle alors : « Depuis hier, vous parlez de concertation entre entreprises semencières, chercheurs, et distributeurs. Il faut ajouter les producteurs » avant de fustiger les semences hybrides : « il y a d'abord le prix qui est très élevé, mais aussi la qualité n'y est pas. (…) Le problème est qu'on ne peut pas ressemer les graines des variétés hybrides, alors que nous avons l'habitude de nous partager des semences après avoir fait un constat de rendement sur le terrain » [77]. La recherche de la performance surpasse alors les principes les plus basiques sur lesquels se basent ces paysans depuis des générations.
Aujourd'hui, le secteur cotonnier burkinabè tourne autour des entreprises cotonnières. Les paysans s'organisent en groupement. Chaque groupement emprunte auprès d'une entreprise cotonnière pour acquérir des graines, des pesticides et des intrants non organiques et la rembourse au moment de la récolte.

L'entreprise qui contrôle l'ensemble du processus se charge de traiter le coton et de le vendre. Une partie des bénéfices est alors redistribuée entre les producteurs. Mohamed Traoré, producteur de coton, explique que « le système des groupements est d'abord une protection pour les sociétés cotonnières. La Sofitex (une des principales sociétés cotonnières du pays) n'a jamais perdu cinq francs à travers ce système. Le système de crédit est fait pour que le

groupement se débrouille avec tous les contretemps et toutes les pertes » déclare-t-il avant d'illustrer ses propos : « Au moment où tu vas te rendre compte que l'autre n'a pas produit du coton, c'est le moment où l'on va vous demander de faire sortir le coton sur le marché. L'ami doit rembourser son crédit, mais il n'a pas de coton pour le faire. Les autres membres du groupe doivent donc payer pour lui, sinon ils n'auront plus de crédit l'année suivante » [78].
Le Burkina Faso n'est pas un novice dans les relations avec l'agro-industrie. Autorisé par un décret présidentiel, le premier *OGM* (organisme génétiquement modifié) fut introduit en 2009 par Monsanto. Un coton dit « BT » contenant un gène lui permettant en théorie d'être prémuni des attaques des ravageurs. Cet OGM fut responsable d'une dégradation importante de la qualité du coton burkinabè jusqu'alors réputé pour ses fibres particulièrement longues et sa qualité. Les exportations ont alors chuté et, avec elles, une partie importante des revenus du pays, faisant trembler l'économie. L'entreprise dut cesser toute activité dans le pays quelques années plus tard. Depuis le retour au conventionnel, la qualité du coton est de retour et permet un meilleur revenu à l'exportation.
Nous pouvons nous demander si ces politiques et orientations agricoles constituent réellement le remède dont un pays comme le Burkina Faso, en situation d'insécurité alimentaire, a besoin. Quelle place y est réservée aux paysans pratiquant l'agriculture familiale ? Servent-elles vraiment à lutter contre la pauvreté et la faim ou servent-elles uniquement les intérêts de quelques acteurs privés ? Une chose est en tout cas certaine : ces politiques visent à produire davantage, sans que cela ne soit nécessairement synonyme d'une qualité accrue, afin d'exporter davantage et fournir le marché mondial en matière première.

### 3.3.3. Secteur minier

Depuis l'initiative PPTE, un autre changement majeur s'est opéré dans l'économie du Burkina Faso. Après 2002, le cours de l'or a grimpé de manière ininterrompue durant plusieurs années provoquant un développement important du secteur.

Le gouvernement burkinabè, conseillé par le FMI, modifia le code minier en 2003 afin d'inciter les investissements directs étrangers (IDE). Ainsi, pour attirer ces derniers, « la législation minière promettait des exemptions fiscales pendant trois ans et l'accélération des procédures de délivrances des permis de forage et d'exploitation » [79]. Le sol du Burkina Faso fut ainsi rapidement investi par de nombreux acteurs extérieurs désireux d'exploiter cette ressource si précieuse. Le pays, qui n'exportait pas plus d'une tonne d'or au début des années 2000, exporte aujourd'hui entre 35 et 40 tonnes par an.

L'exploitation de l'or eut plusieurs effets positifs pour le développement du pays. Le décollage de la production a permis de diversifier les produits d'exportations. En 2009, l'exportation de coton est passée sous l'exportation d'or, faisant de cette dernière la principale ressource d'exportation. Depuis 2012, le Burkina Faso fait d'ailleurs partie des cinq principaux pays producteurs d'or du continent africain avec 9 mines en activité et plus de 800 autorisations et titres miniers accordés. Ainsi, bien que les recettes fiscales soient relativement faibles en raison de la législation, l'exportation d'or rapporta, en 2013, 192 milliards de FCFA au pays, c'est-à-dire, près de 300 millions d'euros, participant ainsi activement à la croissance du pays. Le PIB a effectivement connu une croissance importante ces dernières années, partiellement imputable aux exportations d'or. Le développement du secteur aurifère doit également permettre la création de nombreux emplois, permettant à la population de se dynamiser et de diversifier ses activités.

Cependant, le boom de la production aurifère n'a pas que des bons côtés. D'abord, celle-ci a des effets sanitaires plus que néfastes sur les populations vivant à proximité de gisements et sur l'environnement. Ensuite les promesses d'emplois n'ont été que peu concrétisées. Enfin, malgré la hausse du PIB, la population ne bénéficie que d'une faible partie des richesses tirées de ces mines. En effet, le PIB est un indicateur économique souvent critiqué car il néglige de nombreux facteurs pourtant cruciaux pour évaluer le bien-être de la population. Il peut lui être reproché ici de montrer une augmentation de la richesse nationale sans traduire des inégalités sociales et géographique.

#### 3.3.3.1. Impacts sur les populations et l'environnement

L'exploitation aurifère nécessite l'occupation de grandes étendues de terres en vue de l'extraction, du traitement et du stockage des terres contaminées par les nombreux produits employés ou extraits. Afin d'isoler l'or, il est en effet nécessaire d'utiliser de grandes quantités de produits comme le cyanure et le mercure. Outre la mise à nu de matières sulfurées hautement toxiques, d'arsenic, de plomb ou encore de cadmium lors de la recherche, pour un kilo d'or extrait, **140 kg de cyanure** sont nécessaires ainsi que **700 mètres cubes d'eau**. Or, dans ces régions proches du Sahel, la population parcourt encore souvent des kilomètres pour remplir quelques seaux d'eau nécessaires à sa survie quotidienne. Sachant qu'une mine peut être exploitée pendant un maximum de 10 ans, quel est l'avenir de ces cratères une fois vidés de leur or, ainsi que des milliers de tonnes de terres contaminées ?

Étant donné que des communautés vivent généralement sur les terres destinées à ces exploitations, des centaines de milliers de personnes sont déplacées afin de libérer le terrain. Le déplacement de ces populations — ou expropriations similaires à des accaparements de terre, autre phénomène inquiétant de la région subsaharienne —, sur des distances aussi courtes soient-elles, bouleverse leurs modes de vie. Elles doivent abandonner leurs terres arables pour des nouvelles terres qui n'ont pas été travaillées depuis longtemps, parfois jamais, et qui donc produisent moins. Les puits sont contaminés par l'exploitation minière. La population perd ses moyens de subsistance. Le commerce et l'économie locale s'affaiblissent et la population se paupérise encore davantage. Ce phénomène se traduit par des inégalités grandissantes entre le milieu rural et urbain (voir bilan sur le plan social 3.5.2.)

Afin d'illustrer ceci, prenons l'exemple de la mine de Bissa, une mine de plus de 50 km2 exploitée par l'entreprise russe *Nordgold*. Sa durée d'exploitation est estimée entre sept et neuf ans. Le début de son exploitation a impliqué le déplacement de deux communautés d'environ 3 000 habitants. Ces déplacements ont considérablement impacté leurs trains de vie, déjà relativement précaires. Dans un rapport sur l'exploitation minière réalisée par l'association Action de Carême, Adeline Kaboré, une habitante du village explique que « ayant perdu nos moyens de subsistance (…) la société minière a mis à notre disposition un puits, mais une étude a montré que celui-ci était hautement contaminé. Les responsables de la mine ont alors fait venir des camions d'eau (…) Au bout de deux mois, les livraisons ont cessé du jour au lendemain, du coup, faute d'alternatives, on boit quand même l'eau du puits » [80].
Le cas de l'eau n'est qu'une illustration. Les terres données en compensation sont impropres à la culture. Les zones de pâturages sont absentes. Avec la raréfaction des biens de première nécessité, le prix des aliments augmente. L'exploitation aurifère et les déplacements forcés entravent

de nombreux droits essentiels tels que le droit à l'alimentation, le droit à l'eau, le droit à un logement adéquat, le droit au travail ou encore le droit à l'autodétermination

#### 3.3.3.2. Création d'emploi peu satisfaisante

Parmi les promesses faites à la population, la création d'emploi était déterminante. Si nous restons sur notre exemple de la société *Nordgold*, qui se veut socialement responsable [81], la mine de Bissa, une des plus grandes exploitations du pays, emploie environ 800 personnes. Après avoir reçu plus de 20 000 candidatures, *Nordgold* a indiqué avoir versé, en 2013 et 2014, 94 millions de dollars au gouvernement sous forme d'impôts directs et indirects, ce qu'elle considère comme une participation importante à l'économie nationale. En 2012, l'initiative pour la transparence des industries extractives du Burkina Faso (ITIE-BF) publiait un rapport indiquant que 6 800 Burkinabè travaillaient dans les mines industrielles, et ce en tant que pure main d'œuvre, les postes de cadres étant généralement réservés aux employés étrangers. Sur une population de 18 millions d'habitants, ce chiffre apparaît relativement faible pour un secteur vecteur de croissance.

#### 3.3.3.3. Qui bénéficie de l'exploitation aurifère ?

Le Burkina Faso n'ayant pas les moyens nécessaires à l'exploitation de son sous-sol, l'investissement direct étranger occupe une place prépondérante dans ce secteur. Les entreprises étrangères — généralement australiennes, canadiennes, britanniques, russes —exploitent les gisements aurifères et distribuent ensuite une partie des bénéfices à l'État, propriétaire de 10 % de chaque mine sur son territoire. En 2013, la valeur totale des exportations d'or du Burkina Faso représentait 837 milliards de FCFA (1,27 milliard d'euro) [82]. Comme mentionné plus haut, la même année, l'exportation d'or rapporta 192 milliards de FCFA au pays, c'est-à-dire, près de 300 millions d'euros. L'État ne touche ainsi qu'un quart des revenus tirés de l'exploitation de son or, le reste partant hors de ses frontières.

Afin de permettre une retombée de l'exploitation de ce métal si précieux sur le peuple burkinabè, le nouveau code minier, entré en vigueur en 2015, établit que 1 % du chiffre d'affaire des sociétés minières doit être investi dans des projets de développement censés être bénéfiques à la population [83]. Mis en parallèle aux profits potentiels que de telles entreprises engrangent via l'exploitation des mines burkinabè, ce chiffre apparaît plus que léger.

L'impact positif sur la vie des populations tarde à se faire ressentir. Poussé par les investisseurs et les institutions internationales, le gouvernement burkinabè met en place de nombreuses incitations fiscales en vue d'attirer les investissements. Cependant, ces incitations réduisent fortement les revenus potentiels. Une enquête parlementaire sur le secteur minier tire d'ailleurs les mêmes conclusions. Ousseini Tamboura, député et président de la commission parlementaire en charge de l'enquête, explique : « le manque à gagner pour l'État est énorme à cause des exonérations, du manque de maîtrise des flux financiers concernant les titres miniers » [84].

Des faits de corruption sous le gouvernement Compaoré sont également pointés du doigt. Vingt-quatre membres des proches du président déchu auraient ainsi tenu les rênes du secteur minier, en profitant pour s'enrichir et s'accaparer des richesses [85]. Ousseini Tamboura rappelle d'ailleurs que malgré les critères de bonne gouvernance conditionnés aux prêts de la Banque Mondiale, « entre 2005 et 2015, le Burkina Faso aurait perdu plus de 551 milliards de francs

CFA dans le cadre de l'exploitation minière liée à la mauvaise gouvernance, la mauvaise organisation de l'administration minière et à certaines failles du code minier de l'époque », avant de préciser que « la commission d'enquête recommande une mise en accusation du dernier ministre des Mines de Blaise Compaoré et des poursuites judiciaires contre certains [de ses proches], notamment François Compaoré, son frère cadet ».
De plus, il est intéressant de souligner que plus de 90 % de la production d'or burkinabè est directement exportée brut vers la Suisse et la société Metalor [86]. C'est bien entendu cette dernière qui se chargera de la purification, du raffinage et de la transformation et donc engrangera une colossale *plus-value* lors de la revente sur les marchés mondiaux.

### 3.3.4. Exportation, libéralisation et privatisation

Bien que je semble m'éloigner de l'objet principal de mon analyse, les politiques de privatisation et de libéralisation vont souvent de pair avec les politiques d'exportation. Outre le fait qu'elle sous-tend l'essor d'activités extractives nuisant au bien-être des populations locales, l'économie d'exportation implique le développement d'un secteur agricole et minier important qui représentent dès lors de grands marchés que les acteurs externes s'empressent de conquérir, conquête aux allures d'accaparement des moyens de production. En effet, en l'absence d'une industrie locale forte, l'implantation de ces poids lourds sur le sol burkinabè entrave le développement des acteurs et industries locales, augmente la dépendance du pays vis-à-vis des acteurs externes et l'impact durablement dans son ensemble.

Nous l'avons vu avec l'exemple des transnationales de l'agroalimentaire, celles-ci, sont soutenues par des programmes agricoles internationaux et ont de surcroît un poids énorme sur le pays. En s'inscrivant dans un changement du mode de production, elles impactent l'ensemble de l'habitus des 80 % de la population originaire du milieu paysan. Avec le soutien de la Banque mondiale, ces transnationales œuvrent presque toujours dans le sens des intérêts de géants de l'agro-industrie et non dans celui de la lutte contre la pauvreté. En effet, la Banque Mondiale n'investit que très peu dans le développement de l'agriculture paysanne et vivrière. Basée sur des principes de polyculture, celle-ci aurait pourtant permit d'éviter plusieurs situations de déficit alimentaire. Or, l'agriculture vivrière décourage l'achat des produits importés en provenance du Nord. En apportant une certaine autosuffisance alimentaire, elle constitue dès lors un frein pour les échanges internationaux. Il est donc compréhensible qu'une institution soucieuse d'ouvrir les marchés et de permettre aux transnationales d'en conquérir le plus grand nombre possible n'y prête que peu d'égards.

L'exemple du secteur minier témoigne de ce handicap. Le développement de ses industries lui permettrait d'extraire lui-même son or, empêchant ainsi des acteurs externes de s'accaparer une partie importante des revenus qui en découlent. Au lieu de ça, le Burkina Faso fait face à des entreprises économiquement plus imposantes que le pays tout entier, capables de l'influencer pour obtenir des modalités avantageuses. Prise dans ces rouages, la population perd alors le peu de pouvoir de décision qu'elle détient encore.

Ainsi, toujours dans l'optique de « permettre » au pays d'extraire plus, de produire plus et d'exporter plus, le Burkina Faso se rend de plus en plus dépendant des nombreux facteurs et acteurs externes.

### 3.4. Bref bilan du résultat des politiques néolibérales au Burkina Faso

#### 3.4.1. Sur le plan économique

Comme expliqué plus haut, l'économie du Burkina Faso s'appuie fortement sur les revenus tirés de ses exportations. Il est donc capital que celles-ci lui rapportent les revenus nécessaires au bon fonctionnement de l'État. Or, les facteurs qui régissent ces revenus sont plus qu'instables.

Ces dernières années, les cours de l'or ont permis de soutenir la croissance du pays. Cependant, de nombreux facteurs peuvent influencer les revenus de l'exportation et donc la stabilité et la santé économique nationale. En cas de chute de ces revenus, le pays, incapable d'importer les ressources dont il a besoin, dépend alors presque entièrement de l'aide extérieure et met sa sécurité alimentaire en péril. Tournant de plus en plus le dos à la production vivrière au profit de la culture de rente, le pays se retrouverait sans moyen de subsistance. Il aura beau se développer, en se rendant de plus en plus dépendant aux acteurs externes, il se place lui-même en position de vulnérabilité au cas où une quelconque crise devait survenir. Dans cette perspective, l'apparition de nouvelles crises alimentaires, comme ce fut encore le cas ces dernières années dans le nord du pays, n'est ainsi qu'une question de temps.

Les politiques imposées, en plus de créer une certaine instabilité sur le long terme, engendrent également des dépenses importantes. Le graphique comparant importations et exportations nous a d'ailleurs montré que le budget consacré aux importations avale déjà la totalité des revenus de l'exportation.

De plus, afin de faire face à la concurrence mondiale sur les marchés du coton, le Burkina Faso est contraint de moderniser ses outils de production (achat de charrues à traction bovine, importation de nombreux engrais et pesticides achetés aux transnationales de l'agroalimentaire) et de produire toujours davantage. Cette modernisation constitue une autre dépense conséquente dont se passerait volontiers le pays. La mondialisation et la libéralisation assujettissent le pays aux lois de la concurrence internationale, desquelles il ne peut se défaire.

Le budget du Burkina Faso est ainsi souvent structurellement en déficit. Les derniers chiffres en date qui nous est possible de consulter, ceux du budget 2015, le confirment. Ce budget « s'établit en recettes à 1 516,60 milliards de FCFA contre 1 804,11 milliards de F CFA en dépenses. Comparativement au budget de l'année écoulée, on note une baisse de 8,91 % de recettes et 1,60 % des dépenses ». Alors, comment le Burkina Faso fait-il pour financer ses dépenses ? La réponse nous est donnée un peu plus loin : « ce complément de financement est à rechercher auprès des Partenaires techniques et financiers, les tirages sur ressources du FMI et par emprunt obligataire » [87]. Effectivement, afin de financer ses dépenses, le pays se voit contraint de se réendetter auprès des institutions financières ou d'avoir recourt aux Aides publiques au développement (APD). Ceux-ci sont particulièrement importants depuis le début des années 2000 et de l'Initiative PPTE.

Le graphique ci-dessous montre qu'au cours des dix dernières années, le Burkina Faso a reçu en moyenne chaque année plus d'un milliard de dollars d'APD, soit une somme de 10 milliards de dollars de subventions [entièrement sous forme de dons ?]. L'équivalent de son PIB en 2015. Ainsi, chaque année, le pays reçoit plus du triple des revenus que lui procure l'exportation de l'or, mettant en évidence son extrême dépendance aux facteurs externes et son absence d'autosuffisance.

Enfin, concernant l'endettement du pays, au moment de l'instauration du premier plan triennal (1991-1993), le stock de la dette extérieure du pays équivaut à environ 834 millions de dollars. En 1999, au moment de la clôture du troisième plan triennal (1997-1999), le stock de la dette est de 1,6 milliard de dollars, soit presque le double. Au début des années 2000, l'initiative PPTE est mise en place dans le but d'alléger les dettes des pays pauvres. Cependant, la croissance de l'endettement n'arrête pas sa course pour autant. Elle équivalait en 2015 à 2,62 milliards de dollars.

Il semble évident que le fonctionnement mis en place n'est absolument pas propice à un remboursement de la dette. L'État, qui peine déjà à financer les dépenses les plus essentielles, voit une partie conséquente de son budget annuel partir dans les intérêts des prêts imposés (cf. Sur plan social). Lorsque que ceux-ci arrivent à échéance, l'État, qui a consacré une partie importante de son budget au paiement des intérêts, doit encore rembourser l'intégralité du capital emprunté et en est alors incapable. En effet, lorsqu'un État effectue un prêt, il paie les intérêts chaque année sur une période déterminée et, à l'échéance de cette période, rembourse le capital. Afin de m'assurer de la compréhension de cette explication, voici une illustration :

En effectuant un prêt de 1 million de dollars à taux d'intérêt de 10 % sur 10 ans, l'État paie chaque année au créancier 10 % du capital, c'est-à-dire 100 000 dollars. Au bout des 10 ans, l'État, qui a donc payé 1 million en intérêts, rembourse le capital de 1 million. Il a donc remboursé l'équivalent de 2 millions de dollars, soit, dans mon illustration, le double de la somme qu'il a emprunté.

Ce fonctionnement rend, dès lors, extrêmement complexe toute tentative d'assainissement de sa dette. Il est également plus aisé de se représenter l'impact que la hausse des taux d'intérêt de la FED de 1979 a eu sur la situation économique des pays en développement.

Ainsi, l'État, étant financièrement incapable de débourser l'intégralité du capital emprunté, se voit contraint d'effectuer de nouveaux prêts afin de rembourser les précédents. Il est alors pris dans le cercle vicieux de l'endettement et des politiques qui vont avec.

### 3.4.2. Sur le plan social

Malgré les performances macro-économiques particulièrement positives — le PIB de 3 milliards de dollars en 1990 a triplé en 20 ans passant la barre des 9 milliards en 2010-2011—, les résultats enregistrés au niveau de l'amélioration des conditions de vie des populations, de la lutte contre la pauvreté et de la satisfaction des besoins sociaux restent très limités. En 1999, soit 8 ans après la mise en place du premier plan triennal, le gouvernement de Compaoré se targuait déjà d'avancées macroéconomiques considérables, appuyées par une croissance moyenne de 5 %.

Cependant, en analysant les données de développement humain, on constate que les impacts positifs de cette croissance ont plus que tardé puisque « malgré [cette] amélioration macroéconomique, le Burkinabé vit toujours avec en moyenne moins d'un dollar par jour (…) le niveau de pauvreté de 46,4 % cachait des disparités sur le plan régional : 6 régions ont une incidence supérieure à 55 % » [88] pouvait-on lire dans un rapport commandé par l'EuropeAid (la Direction générale du développement et de la coopération de la Commission européenne) en 2006. Un rapport de la Commission européenne, de 2010 cette fois, souligne même que la pauvreté a pendant longtemps gagné du terrain :« l'indice de pauvreté s'est accru : 46,4 % en 2003 contre 45,3 % en 1998 et 44,5 % en 1994 » [89]. Ce

n'est qu'à partir de 2009, profitant des cours favorables de l'or, mais surtout de la hausse de l'aide publique au développement, que la pauvreté a progressivement commencé à reculer, passant de près de 47 % en 2009 à 40,1 % en 2015.
Il est important de souligner que de fortes disparités persistent entre le milieu urbain et le milieu rural, plus pauvre. C'est précisément dans les milieux ruraux, rassemblant 92 % de la population pauvre55, que les populations vivant des activités agricoles ont le plus de mal à faire face aux problèmes de sécurité alimentaire. À l'expression « les cordonniers sont toujours les plus mal chaussés », nous pourrions rajouter « ...et les paysans sont les plus mal nourris ». Ainsi, les régions du Nord, régions les plus proches du Sahel, mais également les régions qui attirent le plus d'entreprises minières en raison de l'abondance de minerais, comptent plus de 70 % de leurs populations dans la pauvreté.

Selon les chiffres du PNUD, le Programme des Nations unies pour le développement, le Burkina Faso fait partie des pays où le développement humain reste parmi les plus faibles du monde, restant ainsi en queue de classement avec la 183e place sur 188. Son Indice de développement humain (*IDH*) [90] de 0,4 en 2014 reste inférieur à la moyenne de l'Afrique subsaharienne (0,475).
Toujours selon le PNUD, cette faiblesse « est celle des déficits en éducation notamment » [91] et plus largement dans les dépenses liées aux budgets sociaux. À ce titre, il est intéressant de noter qu'en 2015, sur un budget de 1 804,11 milliards de francs CFA (2,75 milliards €), 170 milliards de FCFA (260 millions €) sont alloués au service de la dette (l'argent destiné chaque année au paiement des intérêts), c'est à dire plus que le budget de la santé (110,17 milliards de FCFA, soit 170 millions €) [92] et presque

autant que le budget de l'éducation (194,25 milliards de FCFA, soit 300 millions €).
Ainsi, le paiement de la dette prend presque autant de place et d'importance que les dépenses du secteur de la santé ou de l'éducation. Pour un pays qui fait face à autant de difficulté, la fuite de tels capitaux a des impacts non négligeables puisqu'ils permettraient de remédier à de nombreux problèmes et d'aider une grande partie de la population du pays vivant dans l'extrême pauvreté.

Pour la BM et le FMI, tout va bien dans le meilleur des mondes puisque « malgré les graves problèmes tels que la crise financière internationale et la crise alimentaire dans le sahel, le bilan macro-économique du Burkina Faso est satisfaisant : en 2014 le pays a connu une croissance de 6 % » [93].
Les politiques imposés au Burkina Faso lui permettent d'exporter les matières dont les autres pays ont besoin. Par contre, elles ne lui permettent en rien de soutenir son économie puisqu'il s'appuie sur des facteurs variables et instables. Le pays se voit ainsi contraint de recourir à l'aide extérieure de manière récurrente. Ces politiques ne lui permettent pas non plus de combattre efficacement la pauvreté du pays puisqu'elles freinent l'investissement social et participent directement ou indirectement à la paupérisation de sa population.

### 3.4.3. Sur le plan environnemental

Dans le but d'exporter le plus possible, il faut produire le plus possible. Les politiques d'exportation vont ainsi de pair avec des principes productivistes lourds de conséquences sur l'environnement et donc sur le bien-être de la population et celui des générations futures.

La production de coton, se faisant au détriment des cultures vivrières, s'appuie sur la monoculture intensive, antithèse de la biodiversité. L'impact néfaste des pesticides et autres engrais chimiques que ce mode de production agricole implique est de plus en plus reconnu. Outre l'impact sur la biodiversité et la pollution qu'elles engendrent, comme la pollution de nappe phréatique, ces méthodes de production appauvrissent les sols sur le long terme et compromettent l'accès à une alimentation saine et le bien-être des générations de demain.

De la même manière, l'exploitation minière industrielle éventre le sol burkinabè et détruit des milliers d'hectares de terres arables pourtant essentielles à la survie des populations rurales. Ici aussi, les produits hautement toxiques employés contaminent la terre et l'eau pour des durées indéfinies. Ce sont ainsi des étendues de terres à perte de vue qui sont empoisonnées et où toute activité humaine est d'avance condamnée.

Les PAS et autres DSRP présentent donc des risques conséquents. Les politiques qu'ils sous-tendent augmentent la vulnérabilité et l'instabilité économique du Burkina Faso. Le fonctionnement qui en découle exacerbe l'endettement, ce qui leur permet d'ailleurs de prendre racine, puisque, c'est dans l'augmentation de la dette qu'elles trouvent leur légitimité. Les résultats sur le plan social furent jusqu'il y a peu également décevants étant donné qu'elles s'inscrivent dans un fonctionnement qui lèse d'entrée de jeux des dépenses indispensables dans les secteurs sociaux. Enfin, s'inscrivant dans une volonté d'extraire toujours plus de ressources, elles compromettent à long terme le développement du pays et entravent les perspectives de bien-être des populations.

Au regard de ces constats, nous pouvons légitimement nous questionner sur l'efficacité et le but réels des politiques économiques mises en place dont l'objectif affiché dans un premier temps était pourtant d'assainir l'économie du pays, de permettre le remboursement de sa dette et dans un second temps de lutter contre la pauvreté.

## 4. Comparaison avec un autre pays : la Corée du Sud

### 4.1. Corée du Sud

La Corée du Sud constitue un exemple propice, car elle est considérée par la Banque mondiale comme un cas de réussite indéniable sur le plan du développement socio-économique. La Banque mondiale, qui la présente comme « le miracle asiatique », utilise même le succès coréen pour justifier la mise en œuvre de ses politiques. Au sortir de la Seconde Guerre mondiale, la Corée du Sud, ancienne colonie japonaise qui accède alors à l'indépendance, présente une économie essentiellement agricole et particulièrement désavantagée industriellement parlant. Avec une population de 25 millions d'habitants pour un PIB de 3,8 milliards de dollars en 19601, son niveau de développement est alors comparable aux pays les plus pauvres d'Afrique.

Pourtant la Corée du Sud occupait en 2015 la place de onzième puissance économique mondiale avec un PIB de près de 1 380 milliards de dollars pour 50 millions d'habitants. En effet, la Corée du Sud, un des principaux gagnants de la mondialisation, passa en quelques décennies du statut de pays agricole à celui de puissance industrielle occupant une place prépondérante dans l'économie mondiale.

Comment la Corée du Sud est-elle parvenue à un tel niveau de développement tandis que la plupart des PED, dont le Burkina Faso fait partie, stagnent et ne parviennent qu'à peu d'avancées.

4.1.1. Présentation du cas Coréen

Au sortir de la Seconde Guerre mondiale, la Corée du Nord passa sous occupation soviétique et la Corée du Sud passa sous contrôle américain. La Corée du Sud prit alors un rôle primordial dans la lutte contre le communisme étant donné sa situation géographique. Dans un contexte de guerre froide, elle constitua en effet, pour les pays capitalistes, une assise importante dans une Asie majoritairement communiste. Le pays bénéficia alors d'importantes subventions de la part des États-Unis afin de consolider sa position. Entre 1945 et 1960, sous la dictature Rhee, le pays reçut de la part de son soutien américain plus de 3 100 millions de dollars en subvention2, c'est-à-dire le double de la somme des aides reçues par la Belgique, la Hollande et le Luxembourg dans le cadre du Plan Marshall.

De 1945 à 1988, la Corée du Sud connut trois principales dictatures avant d'accéder à des élections libres : la dictature de Syngman Rhee (1945-1962) ; la dictature Park Chung Hee (1962-1979) ; la dictature Chun Doo Hwan (1979-1987).

La dictature Rhee, placée au pouvoir dès l'indépendance, réalisa de profondes réformes afin d'axer l'entièreté de l'effort national vers le développement de l'industrie. Il est ici nécessaire de souligner que la dictature exerça de très fortes pressions sur les couches les plus pauvres de la population afin de permettre un développement à moindre coût. Les revenus de l'impôt et les importantes subventions en provenance des États-Unis permirent aux nouveaux acteurs industriels de se développer rapidement. Dès les années 1950, 55 % de la production industrielle est constituée des secteurs textiles et agricoles (transformation du coton et production sucrière et de farine de riz) permettant une politique de substitution aux importations. Accompagnées de politiques rigoureusement

protectionnistes sur le plan agricole et industriel, les dépenses dirigées vers les industries facilitèrent ainsi la création d'importants conglomérats industriels et financiers — les Chaebols [94].
En 1962, la dictature Rhee est renversée et la dynastie Park prit le relais. Afin de diversifier ses sources de financement, mais également ses soutiens, le nouveau gouvernement effectue ses premiers prêts auprès de la Banque Mondiale et des banques privées asiatiques. Dans la même optique, le pays conclut des accords de coopération avec le Japon. Cette stratégie lui permit d'augmenter sa marge de manœuvre politique et de renforcer sa capacité de développement.

Parallèlement, la Corée du Sud s'ancrait davantage dans des politiques de substitutions aux importations permettant de concevoir des produits à haute valeur ajoutée. Plusieurs plans quinquennaux sont mis en place par le gouvernement afin de développer des secteurs stratégiques. « Au cours du premier plan quinquennal (1962-1966), la priorité est donnée au développement de l'énergie, des engrais, du textile, du ciment. Le second (1967-1971) met l'accent sur les fibres synthétiques, la pétrochimie et l'appareillage électrique. Le troisième (1972-1976) est centré sur la sidérurgie, les équipements de transport, l'électroménager, la construction navale » [95]. À cette époque, l'investissement public eut pour but de créer des emplois et d'augmenter les revenus afin de créer une demande interne ce qui permit de développer davantage les industries du pays.
La Banque mondiale tenta dans un premier lieu de dissuader le gouvernement coréen de mettre en place de tels plans de développement considérant qu'ils étaient trop ambitieux [96]. Cependant, le gouvernement n'en tint que peu compte, arguant que :

- le pays devait se doter d'une industrie lourde compétente afin de fournir lui-même son industrie légère ;
- cette industrie doit permettre au pays d'exporter des produits à haute valeur ajoutée ;
- le développement de cette industrie va s'accompagner de forts investissements dans l'éducation supérieure, la recherche et la technologie ;
- il est nécessaire de fermer les frontières dans un premier temps afin de permettre le développement de telles industries face à la concurrence internationale.

Ainsi, à titre d'exemple, entre 1977 et 1979, la Corée mit en place un programme de développement de ses industries lourdes et y consacra 80 % de tous les investissements d'État. Cet exemple témoigne de l'effort effectué par l'État pour développer ses industries, mais également de la pression exercée sur la population. Celle-ci se mobilisa massivement contre le régime et fit face à une répression particulièrement violente. Park Chung Hee fut assassiné en 1979 par le général Chun Doo Hawn qui prit sa place. Le pays avait profondément changé en vingt ans de dictature Park. Le pourcentage de la population vivant de l'agriculture passa de 63 % en 1960 à 34 % en 1980, les travailleurs industriels passèrent de 600 000 ouvriers à plus de 3 millions, le taux de population urbaine doubla, etc.

S'étant fortement endettée auprès des banques privées, la Corée du Sud était, lors de la crise de la dette, le 4e pays le plus endetté avec 43 milliards de dollars de dette. C'est alors que le Japon lui versa 3 milliards de dollars à titre de réparation de guerre, ce qui lui évite de faire appel à l'aide du FMI.

Dans le courant des années 1980 et jusqu'à la crise asiatique en 1997, la Corée du Sud exporta de plus en plus et conquit de nombreux marchés internationaux « de la construction de bulldozers au matériel informatique en passant par les

chantiers navals » [97]. Elle occupe, par exemple, la deuxième place mondiale pour la construction navale. De nouvelles mobilisations à la fin des années 1980 permirent la mise en place d'élections libres.
En 1992, King Youngsam fut élu et élabora un agenda néolibéral à la demande des IFI. Trois réorientations majeures sont effectuées durant son mandat :

- suppression des barrières douanières et autres formes de limites aux importations ;
- privatisation massive d'entreprises publiques ;
- libéralisation des mouvements de capitaux.

Durant la période qui précéda la crise asiatique, les politiques de libéralisation augmentèrent la vulnérabilité externe de la Corée du Sud ainsi que celle de ses entreprises.

Joseph Stiglitz, vice-président et économiste en chef de la Banque Mondiale de 1997 à 2000 estime d'ailleurs que « les mesures FMI n'ont pas seulement exacerbé la crise, elles l'ont aussi en partie provoquée : sa cause principale a probablement été la libéralisation trop rapide des *marchés financiers*, même si des erreurs d'origine locale ont aussi joué » avant de préciser que « si au début de sa mutation, [la Corée] avait étroitement contrôlé ses marchés financiers, par la suite elle avait autorisé à contrecœur — sous la pression des États-Unis— ses firmes à emprunter à l'étranger.
Celles-ci se sont donc exposées aux caprices du marché international » [98]. Début 1997, les entreprises coréennes atteignent un taux endettement de 345 % de leurs fonds propres. L'économie du pays commença à vaciller et plusieurs Chaebols firent faillite, dont l'entreprise automobile KIA.
Lorsque la Crise asiatique éclata en novembre, le pays fait face à une dévaluation de 96,5 % du Won coréen face au

dollar. Le gouvernement décida de se plier aux exigences du Fonds monétaire international. Le pays fit alors face à une cure néolibérale radicale : licenciements massifs, élimination des restrictions à l'importation, augmentation des taux d'intérêt, ventes d'entreprises aux transnationales des pays les plus industrialisés, etc.

L'État, contraint de prendre en charge les dettes des entreprises privées, vit sa dette exploser. Endetté à hauteur de 200 milliards dollars, la Corée du Sud se voit appliquer le plus grand plan de sauvetage jamais effectué : « 57 milliards de dollars. Une première ligne de défense est assurée par le FMI (21 milliards de dollars), la Banque mondiale (10 milliards) et la Banque asiatique de développement (4 milliards). Ces sommes sont prêtes à être déboursées, dès lors que la Corée du Sud s'engage à entreprendre les réformes requises. Une deuxième ligne de défense, dotée de 22 milliards de dollars, est apportée par sept pays (États-Unis, Canada, Japon, France Allemagne, Grande-Bretagne, Australie) » [99]. Nous sommes loin des allègements accordés aux pays participants à l'initiative PPTE. Aucun pays n'eut droit à un tel traitement de faveur. Cet allègement permit une reconstitution des réserves de change coréennes — qui passèrent de moins 5 milliards à près de 50 milliards en un an — et un redémarrage économique. Après des élections démocratiques pluralistes, le nouveau gouvernement mit en place des « politiques d'emploi et de protection sociale (...) en vue de prémunir les populations les plus vulnérables contre l'impact des politiques de libéralisation promues par les IFI. Cela permit non seulement de réduire la pauvreté, mais aussi de relancer l'activité économique et de produire des surplus budgétaires. » [100]
Suite à la crise financière en 2008, la Corée fut un des seuls pays de l'OCDE (avec la Pologne et l'Australie) à enregistrer des taux de croissance positifs en 2009. En

2010, le pays adhéra au Comité d'aide au développement de l'OCDE, passant ainsi du statut de bénéficiaire à celui de donateur. Onzième puissance économique, La Corée du Sud fait aujourd'hui partie des pièces maîtresses du grand échiquier qu'est l'économie mondiale.

4.1.2. Analyse

Ainsi, exemple de réussite présenté par la Banque mondiale, la Corée du Sud doit surtout son développement aux intérêts géostratégiques que présente sa position géographique. Il apparaît clairement que si elle n'avait pas occupé une place stratégique dans les politiques extérieures du Japon et des États-Unis, la Corée n'aurait bénéficié, au même titre que les autres pays du tiers-monde, que de très peu de subventions. Elle aurait été contrainte de s'endetter, elle aurait également dû se plier au PAS dès les années 1980 et faire face à l'imposition des politiques néolibérales des IFI.

Ces alliés de poids représentèrent pour la Corée du Sud un avantage considérable puisque le pays reçut, entre 1945 et 1994, plus de 26,9 milliards de dollars d'aide extérieure sous forme de dons. Contrairement aux prêts fournis par les IFI et les banques, cette aide ne s'accompagne d'aucun intérêt. Ce facteur est bien entendu primordial dans le développement économique d'un État puisque, comme nous l'avons vu dans l'historique de l'endettement et plus précisément dans le cas du Burkina Faso, le service de la dette représente un poids considérable dans les dépenses publiques.

De plus, si l'endettement auprès du FMI ou de la Banque mondiale, accompagné de lourdes conditions, érode le pouvoir de décision au Burkina Faso, les subventions bilatérales accordées à la Corée du Sud lui ont permis de garder ses distances avec les IFI. La Corée du Sud a ainsi disposé de marges de manœuvre substantielles lui permettant de mettre en œuvre des politiques de développement stratégiques et de diriger ses financements vers les secteurs que le pays considérait être une priorité. Ainsi, au lieu d'opter pour la libéralisation et la privatisation, le gouvernement coréen augmenta d'abord son emprise sur l'économie, développant et fortifiant ses industries par des politiques protectionnistes avant que celles-ci ne soient mises en concurrence avec les industries étrangères.

Contrairement au Burkina Faso, la Corée pu augmenter la diversité de ses exportations et se prémunir face aux chocs externes, mais également et surtout augmenter la valeur des biens exportés et ainsi tirer des plus-values de plus en plus importantes. Exportant dans un premier temps des ressources primaires, la Corée du Sud fait aujourd'hui partie des leaders mondiaux dans la production de biens de haute technologie, d'automobiles ou encore de navires, faisant d'elle la 5$^{e}$ plus grande économie d'exportation.
Le but de cette comparaison n'est pas de déifier le développement de la Corée du Sud. Celui-ci a été obtenu sous le joug des plusieurs dictatures qui imposèrent au peuple des pressions colossales afin de permettre à l'économie de se fortifier rapidement. Cette comparaison permet d'apporter certaines clefs de compréhension quant aux différents degrés de développement socio-économique dans lesquels se trouvent les anciens ou actuels pays dudit « Tiers-Monde ».

### 4.2. Tentative de développement endogène en Afrique

Pourtant la mise en place de programmes basés sur un développement endogène en Afrique a déjà été tentée, bien que singulière et relativement courte.

### 4.2.1. Le Plan de Lagos

En 1980, les pays de l'Union africaine tentent de mettre sur pied le Plan d'action de Lagos (PAL) qui vise « l'autosuffisance nationale et collective dans le domaine économique et social, en vue de l'instauration d'un nouvel ordre économique international ». Le Plan d'action de Lagos fait le choix d'une stratégie basée sur le renforcement des économies locales, la souveraineté sur les ressources naturelles, l'autosuffisance alimentaire, l'essor de l'industrie et, surtout, la mobilisation des populations. Le PAL ne sera jamais mis en œuvre, les IFI en ayant décidé autrement. En effet, malgré l'enthousiasme qu'il suscita, ce plan de développement fut balayé du revers de la main [101] et les Plans d'ajustement structurel prendront sa place sous prétexte de lutter contre le surendettement et la pauvreté.
Ainsi, malgré la volonté de mise en place d'un plan de développement endogène, le continent africain, placé dans le giron de la Banque mondiale et du FMI, ne put que se plier à leurs diktats et appliquer les réformes imposées de l'extérieur. Cependant, certaines figures, aujourd'hui devenues emblématiques des luttes pour l'émancipation et la souveraineté des peuples, persistèrent et maintinrent le cap. Celle qui marqua le plus les esprits n'est autre que Thomas Sankara, président du Burkina Faso de 1983 à 1987.

### 4.2.2. La révolution de Thomas Sankara (1983-1987)

Connu pour ses prises de positions radicales contre les politiques élaborées et imposées par les IFI qu'il qualifiait de mesures impérialistes et néocolonialistes, la politique de Thomas Sankara visait, avant tout, à permettre un développement endogène autocentré dans le but de parvenir à l'autosuffisance alimentaire.

Le peuple appréciait Sankara qui rompait avec la tradition de la corruption et de soumission à l'Occident. Une fois devenu président de la République, il mit en place, avec la population, une série de politiques basées sur un développement endogène, appuyées sur les forces du pays.

« Notre pays produit suffisamment de quoi nous nourrir. Malheureusement, par manque d'organisation nous sommes obligés de tendre la main pour demander des aides alimentaires. Ces aides qui nous bloquent, qui installent dans nos esprits des réflexes de mendiants et d'assistés, nous n'en voulons plus. Nous devons produire plus, car il est normal que celui qui vous donne à manger vous dicte ses volontés. » [102]
Rompant les liens avec les IFI et leurs politiques qui « étouffent le peuple africain », les mots d'ordre de la politique d'État à cette période sont « produire burkinabè, consommer burkinabè ». Thomas Sankara instaura des mesures protectionnistes afin de stimuler l'économie intérieure du Burkina. Bien que la présidence de Sankara ne fût pas assez longue pour nous permettre de tirer des conclusions sur le long-terme et de nous appuyer sur des chiffres macroéconomiques, il est cependant possible et nécessaire de souligner les progrès majeurs réalisés.

#### 4.2.2.1. Sécurité alimentaire

Il rompit avec les politiques d'exportation afin de concentrer la production agricole à des fins vivrières. Il interdisait notamment l'importation de fruits et légumes et mit en place des circuits de distribution avec le développement d'une chaine nationale de magasins afin d'inciter les commerçants à acheter les productions du sud du pays. Ces magasins d'État alimentaient toutes les régions. Un système de distribution permit également aux employés d'acheter les produits sur leurs lieux de travail [103]. Les politiques mises en place pour atteindre l'autosuffisance alimentaire, permirent au pays, qui importait encore 220 000 tonnes de céréales en 1984, d'assurer en 1986 deux repas et dix litres d'eau par jour et par personne [104]. De nombreux excédents de production furent même enregistrés [105]. Jean Ziegler, ex-rapporteur spécial pour le droit à l'alimentation pour les Nations unies, confirme d'ailleurs que « [Thomas Sankara] a vaincu la faim : il a fait que le Burkina, en quatre ans, est devenu alimentairement autosuffisant » [106].

#### 4.2.2.2. Développement intérieur

Dans l'optique de valoriser la production de coton, il incita les fonctionnaires du pays à porter le dan fani (habit traditionnel) permettant ainsi de développer des activités de tissage et de transformation du coton à travers le pays. Grâce à des opérations telles que « sacs d'écoliers », les bénéfices du secteur cuir et peaux doublèrent en un an [107].

Des appels à la mobilisation générale étaient nombreux. Notamment pour planter massivement des arbres, construire des logements et des chemins de fer, ériger des barrages et des systèmes d'irrigations. De vastes plans de lutte contre la corruption, pour l'émancipation des femmes, ou encore des campagnes de vaccinations furent insaturés. En un peu plus d'un an, 10 millions d'arbres sont plantés par la population, permettant de lutter contre la désertification. En 1985, 18 barrages sont construits. Plus de 2 millions d'enfants sont vaccinés en quelque mois et Sankara est félicité par l'OMS.

Dans une optique d'exemplarité et de contribution, tous les salaires des hauts fonctionnaires et ministres furent rabotés. Le salaire mensuel de Sankara en tant que président est ainsi légèrement inférieur à 140 000 francs CFA, c'est-à-dire 230 €. La liste des efforts fournis et des avancées est longue. Bien que toutes ces réformes n'aient pas eu le temps d'aboutir, les avancées réalisées en quatre ans par Sankara ne connaissent à l'heure actuelle pas d'égal en Afrique.

Ayant rompu avec les IFI, il est d'autant plus intéressant de souligner que ces réformes et avancées furent exécutées sans l'aide de celles-ci. Dans le même temps, debout face à la communauté internationale, Sankara perdit également une grande partie des financements bilatéraux. L'aide française chuta de 88 millions en 1982 à 19 millions de dollars en 1985 [108].

### 4.2.3. Analyse

Ainsi, de la même manière que le Plan Lagos fut avorté afin d'instaurer les PAS, l'élan lancé par Thomas Sankara fut bref. Assassiné en 1987, Blaise Compaoré prendra sa place, rompra avec la période de Révolution et mettra en place la Rectification, ramenant le pays dans le giron du FMI et de la Banque mondiale et de leurs politiques. La suite, nous la connaissons.

Il est aisé de faire un parallèle avec les observations tirées du précèdent exemple de la Corée du Sud. En l'absence de libéralisation, les politiques visant un développement autocentré aussi courtes fussent-elles, permirent plusieurs avancées sur le plan social. Alors que Sankara atteignit l'autosuffisance alimentaire en quatre ans, la population burkinabè, après plus de 25 ans de plans d'ajustement structurel et autres « luttes contre la pauvreté », fait aujourd'hui toujours face à une insécurité alimentaire profonde.

Afin de mettre en place ces politiques, Sankara, loin de bénéficier de larges subventions bilatérales, dut s'octroyer lui-même la marge de manœuvre nécessaire en prenant ses distances par rapport aux IFI. Celles-ci utilisant la dette comme prétexte à l'imposition de réformes, Sankara s'attaqua donc à la racine du problème. Sankara cessa de payer la dette et dénonça celle-ci comme un outil de domination des peuples.

Avec le franc-parler qui était le sien, Sankara dénonça cette dette du Sud envers le Nord qu'il considérait illégitime. Son discours à Addis-Abeba en juillet 1987, trois mois avant son assassinat, dont j'ai cité un bref passage dans le chapitre deux, resta dans les mémoires comme un des manifestes les plus marquants contre la dette. En voici un court extrait :

« Les origines de la dette remontent aux origines du colonialisme. Ceux qui nous ont prêté de l'argent, ce sont eux qui nous ont colonisés. Ce sont les mêmes qui géraient nos états, nos économies. Ce sont les colonisateurs qui endettaient l'Afrique après des bailleurs de fonds, leurs frères et leurs cousins. (...) La dette, c'est encore le néocolonialisme ou les colonialistes se sont transformés en assistants techniques, que nous devrions appeler « assassins techniques ». Ce sont eux qui nous ont proposé des sources de financement. Nous nous sommes endettés pour cinquante ans, soixante ans et même plus. C'est-à-dire que l'on nous a amenés à compromettre nos peuples pendant cinquante ans et plus. La dette sous sa forme actuelle est une reconquête savamment organisée de l'Afrique. (...) Si nous ne payons pas, nos bailleurs de fonds ne mourront pas, soyez-en sûr. Par contre si nous payons, c'est nous qui allons mourir. (...) On nous demande aujourd'hui d'être complices de la recherche d'un équilibre. Équilibre en faveur des tenants du pouvoir financier. Équilibre au détriment de nos masses populaires. Non ! Nous ne pouvons pas être complices. Non ; nous ne pouvons pas accompagner ceux qui sucent le sang de nos peuples et qui vivent de la sueur de nos peuples. Nous ne pouvons pas les accompagner dans leurs démarches assassines… » [109]. Ainsi, Thomas Sankara replaça la dette dans un contexte historique spécifique, celui de la colonisation, et questionna la légitimité de ce processus, mais aussi il souligna le mécanisme pernicieux de reconquête économique et d'asservissement qu'elle comporte en son sein.

### 4.3. Les dettes au regard du droit international

Un État ayant un faible poids économique ne peut s'ouvrir à une libéralisation débridée. En concurrence ouverte au niveau international, un poids plume tel que le Burkina Faso n'a aucune chance face aux poids lourds qui régissent les lois du marché. Celui-ci voit son économie phagocytée et perd tout espoir d'accéder à un développement solide.

La période sankariste nous montre que certaines mesures protectionnistes favorisent l'économie du pays. Elles assurent l'accès à l'emploi, l'élévation du niveau de vie, et petit à petit, une fois que les besoins les plus élémentaires sont remplis, permettent de progresser vers le développement. De la même manière, l'exemple de la Corée du Sud nous démontre qu'après avoir développé une économie forte et potentiellement concurrente, la libéralisation est possible et permet d'accéder aux marchés internationaux.

Ainsi, nous pouvons tirer un premier constat : en l'absence d'un préalable développement endogène et d'une économie capable de soutenir la concurrence internationale, une libéralisation excessive nuit au marché intérieur du pays et l'empêche de se développer. Une économie qui se libéralise doit donc au préalable disposer d'un système d'exportation fort, diversifié et doté d'une certaine valeur ajoutée. Le Burkina Faso, en se basant sur l'exportation d'une ou deux matières premières, se rend vulnérable face aux différents facteurs instables tels que les cours de celles-ci, mais également se prive d'une plus-value considérable en laissant aux pays industrialisés l'opportunité de transformer ses ressources brutes et ainsi engranger pour leur propre compte des bénéfices colossaux.

Le deuxième constat est que pour mettre en place de telles politiques, il faut disposer de la marge de manœuvre nécessaire. Si la Corée du Sud, grâce aux soutiens bilatéraux dont elle a bénéficié, a pu se permettre de telles stratégies de développement, un État soumis aux diktats d'une entité tiers et ne disposant donc ni d'un pouvoir de décision, ni de négociation suffisante ne peut simplement pas décider pleinement ni de ses priorités, ni des secteurs qu'il souhaite favoriser, ni de la nature des politiques qu'il veut mettre en œuvre, etc.

Certains pays détiennent cette marge de manœuvre de par un ou plusieurs facteurs stratégiques qui les placent en position de force dans les négociations, comme la Corée du Sud ou de par le poids économique qu'ils représentent telles que les puissances européennes, les États-Unis, les BRICS, etc. D'autres, ne détiennent ni l'un ni l'autre, se retrouvent en position de faiblesse, comme la majorité des anciens pays colonisés et pays du Tiers-monde, et sont obligés, pour accéder à leur souveraineté, à leur pouvoir de décision, de passer en force. Contrairement à la position souvent adoptée par les créanciers qui veut qu'une dette doit toujours être honorée[1], cette démarche, comme le montre et l'explique le discours de Thomas Sankara, n'est en rien immorale ou irresponsable, elle est même plus que justifiée.

Le système d'endettement multilatéral — c'est à dire auprès d'une IFI— peut être bénéfique pour certains pays et ne leur cause pose dès lors pas de désagrément, en tout cas jusqu'à un certain seuil puisque de plus en plus de pays riches montrent des signes de faiblesse comme la Grèce, l'Espagne, le Portugal, etc. Par contre, il est responsable, pour bien d'autres, de sources de problèmes et d'injustices. Dans l'exemple que constitue le Burkina Faso, nous voyons que les dettes dues auprès des IFI servent de prétexte à la mise en place de politiques néolibérales allant presque systématiquement à l'encontre de la volonté et du bien-être des peuples. Ces politiques, loin d'aider les pays à améliorer leurs situations économiques ou de promouvoir le bien-être des peuples comme elles l'annoncent, servent surtout à garantir les intérêts des pays industrialisés. Ces derniers accèdent aux matières premières à bas prix nécessaires à leur production et assurent donc leur hégémonie économique. Ne bénéficiant pas aux populations auxquelles elles sont appliquées et leur étant nuisibles, ces dispositions transgressent dès lors le droit international. Or, le droit international pose des exigences. En s'accordant à celui-ci, de nombreuses dettes peuvent en effet être déclarées illégitimes.

En effet, en droit international, les dettes qui participent directement ou indirectement à la transgression des droits de l'homme ne doivent pas être supportées par les populations qui se sont vues lésées.

Comme le souligne la Cour internationale de justice (CIJ), les institutions financières internationales telles que la Banque mondiale et FMI sont entièrement soumises au droit international [110]. Elles sont donc tenues de le respecter dans la mise en œuvre de leurs politiques.
Parmi les documents majeurs encadrant le droit international, la Charte des Nations unies à laquelle sont

tenus les États, stipule dans les articles 55 et 56 que l'État doit permettre « le relèvement des niveaux de vie, le plein emploi et des conditions de progrès et de développement dans l'ordre économique et social [...], le respect universel et effectif des droits de l'homme et des libertés fondamentales pour tous ». Un peu plus loin, l'article 103 précise qu'« en cas de conflit entre les *obligations* des Membres des Nations Unies en vertu de la présente Charte et leurs obligations en vertu de tout autre accord international, les premières prévaudront ».
Le constat est simple. En cas de remise en cause des articles 55 et 56 par un quelconque accord, traité ou obligations de l'État, la prévalence du respect des droits de l'homme est sans équivoque sur le plan du droit international. Or, les entraves à l'application des droits de l'homme que constitue la dette et l'imposition des politiques et réformes établies par les IFI qui en découlent sont nombreuses.

Le Conseil des droits de l'homme de l'ONU affirme d'ailleurs dans sa résolution 20/10 du 18 juillet 2012 que le fardeau de la dette « contribue à l'extrême pauvreté, constitue un obstacle au développement humain durable et, par conséquent, compromet gravement la réalisation de tous les droits de l'homme » [111]. Le même document souligne que « les programmes de réforme en matière d'ajustement structurel limitent les dépenses publiques, imposant des plafonds à ces dépenses, et n'accordent pas suffisamment d'attention à la prestation de services sociaux ». Or, « l'exercice des droits fondamentaux de la population des pays débiteurs à l'alimentation, au logement, à l'habillement, à l'emploi, à l'éducation, aux services de santé et à un environnement salubre ne peut pas être subordonné à l'application de politiques d'ajustement structurel, de programmes de croissance et de réformes économiques liées à la dette ». Le document déclare explicitement que « les politiques d'ajustement structurel

n'ont pas fonctionné » et que « les exigences dogmatiques en matière de privatisation et de limitation des services publics » nuisent aux biens des populations et ne doivent pas être reproduites.
Outre la Charte des Nations unies, la Déclaration sur le droit au développement de 1986 ou encore la Résolution du conseil des droits de l'homme de l'ONU de juillet 2012 décrètent qu'un accord allant à l'encontre des droits humains ou de la souveraineté d'un État est nul sur le plan du droit international3.

Or, l'échec des PAS est largement reconnu. Ceux-ci ont été catastrophiques au niveau de la garantie des droits fondamentaux. Ils ont entraîné une augmentation des inégalités et de la pauvreté et ont violé la souveraineté des peuples à disposer d'eux-mêmes. Le désastre économique qu'ils ont provoqué multiplie le niveau d'endettement provoquant un effet en cascade sur le long terme. Les pays endettés, contraints à appliquer des mesures néfastes qui entravent les droits fondamentaux et conduisent à plus d'endettement, se voient ainsi condamnés à rembourser encore et toujours.

Sont également concernées : les dettes de régime contractées au détriment des populations et la dette coloniale qui constitue bien souvent le point de départ de l'endettement des pays du tiers monde.

La doctrine de la *dette odieuse*, reconnue par la Cour internationale de justice (CIJ) établit que « si un pouvoir despotique contracte une dette non pas pour les besoins et dans les intérêts de l'État, mais pour fortifier son régime despotique, pour réprimer la population qui le combat, etc., cette dette est odieuse pour la population de l'État entier [...]. Cette dette n'est pas obligatoire pour la nation ; c'est une dette de régime, dette personnelle du pouvoir qui l'a contractée, par conséquent elle tombe avec la chute de ce

pouvoir »4. Ainsi, les dettes contractées par des régimes dictatoriaux et qui n'avaient pas pour but le bien-être de la population ne doivent pas être assumées par la population, mais par les créanciers ayant soutenu le régime illégitime. Les soutiens de la Banque mondiale envers les régimes dictatoriaux sont d'ailleurs innombrables5.
Nombreux sont les pays qui se sont vu imposer, au moment de leurs indépendances, le remboursement des dettes contractées par leurs anciennes métropoles du temps de leur colonisation. Elles avaient servi à assurer la domination de leur territoire et à maximiser l'exploitation et participèrent donc à violer de manière flagrante les droits de l'homme. Dans de nombreux cas6, ces dettes furent reconnues illégitimes en vertu de la doctrine de la dette odieuse précitée.

Depuis, la Convention de Vienne de 1978 sur la succession d'États en matière de traités établit que « Un État nouvellement indépendant n'est pas tenu de maintenir un traité en vigueur ni d'y devenir partie du seul fait qu'à la date de la succession d'États, le traité était en vigueur à l'égard du territoire auquel se rapporte la succession d'États » [112]. Ainsi, ces **dettes coloniales**, qui constituent une partie de la dette extérieure de nombreux États sont nulles sur le plan du droit international et doivent donc être annulées.
Enfin, et je terminerai par ceci, l'article premier du Pacte international relatif aux droits civils et politique des Nations unies adopté à New York en 1966 établit que :

« Tous les peuples ont le droit de disposer d'eux-mêmes. En vertu de ce droit, ils déterminent librement leur statut politique et assurent librement leur développement économique, social et culturel.

Pour atteindre leurs fins, tous les peuples peuvent disposer librement de leurs richesses et de leurs ressources naturelles, sans préjudice des obligations qui découlent de la coopération économique internationale, fondée sur le principe de l'intérêt mutuel, et du droit international. En aucun cas, un peuple ne pourra être privé de ses propres moyens de subsistance. » [113]

Ce Pacte est ratifié par la quasi-totalité des nations [114] . La Banque mondiale, qui se compare à « une coopérative, dans laquelle les actionnaires sont ses 189 pays membres », ainsi que le FMI qui représente tous les pays, si ce n'est la Corée du Nord, de par les politiques et réformes que ces institutions imposent, outrepassent trop souvent ces droits, considérés comme fondamentaux et inviolables.

Ce constat devrait nous pousser à repenser la place de ces institutions dans l'économie mondiale, mais également la problématique de l'endettement dans un cadre de luttes contre la pauvreté et de l'émancipation libre des peuples.

# TABLE DES MATIÈRES

## Structures éditoriales du groupe L'Harmattan

**L'Harmattan Italie**
Via degli Artisti, 15
10124 Torino
harmattan.italia@gmail.com

**L'Harmattan Hongrie**
Kossuth l. u. 14-16.
1053 Budapest
harmattan@harmattan.hu

---

**L'Harmattan Sénégal**
10 VDN en face Mermoz
BP 45034 Dakar-Fann
senharmattan@gmail.com

**L'Harmattan Cameroun**
TSINGA/FECAFOOT
BP 11486 Yaoundé
inkoukam@gmail.com

**L'Harmattan Burkina Faso**
Achille Somé – tengnule@hotmail.fr

**L'Harmattan Guinée**
Almamya, rue KA 028 OKB Agency
BP 3470 Conakry
harmattanguinee@yahoo.fr

**L'Harmattan RDC**
185, avenue Nyangwe
Commune de Lingwala – Kinshasa
matangilamusadila@yahoo.fr

**L'Harmattan Congo**
67, boulevard Denis-Sassou-N'Guesso
BP 2874 Brazzaville
harmattan.congo@yahoo.fr

**L'Harmattan Mali**
ACI 2000 - Immeuble Mgr Jean Marie Cisse
Bureau 10
BP 145 Bamako-Mali
mali@harmattan.fr

**L'Harmattan Togo**
Djidjole – Lomé
Maison Amela
face EPP BATOME
ddamela@aol.com

**L'Harmattan Côte d'Ivoire**
Résidence Karl – Cité des Arts
Abidjan-Cocody
03 BP 1588 Abidjan
espace_harmattan.ci@hotmail.fr

---

## Nos librairies en France

**Librairie internationale**
16, rue des Écoles
75005 Paris
librairie.internationale@harmattan.fr
01 40 46 79 11
www.librairieharmattan.com

**Librairie des savoirs**
21, rue des Écoles
75005 Paris
librairie.sh@harmattan.fr
01 46 34 13 71
www.librairieharmattansh.com

**Librairie Le Lucernaire**
53, rue Notre-Dame-des-Champs
75006 Paris
librairie@lucernaire.fr
01 42 22 67 13

www.ingramcontent.com/pod-product-compliance
Lightning Source LLC
LaVergne TN
LVHW011304061026
849535LV00005B/1395
* 9 7 8 2 3 4 3 2 0 5 2 3 6 *